障碍のある
子どものための教育と保育
①

エピソードでみる
障碍の理解と支援

菅原伸康
［著］

ミネルヴァ書房

はじめに

　この8項目は，障碍のある子どもと係わり合うときに，常に心がけ，実行していくことが求められるものです。それは子どもにとって必要なことであり，大切な情報をただ伝えることに止まらず，子ども自身が"見通し"や"安心感"をもつ中で，係わり合いを育むことになると考えられるからです。

　そして，子どもとの係わり合いが拡がり，深まっていくとき，係わり手は，係わり手と子どもの一方通行ではない"相互的やりとり"に喜びを感じることができるような人間関係を作り上げることができるはずです。

　私は，"知的障碍児"，"重度・重複障碍児"という表現が，どうも堅苦しく感じます。

　ここでは，知的障碍児を"知的に障碍のある子ども"，重度・重複障碍児を"知的に障碍の重い子ども"と表現することにします。

　以前，津守真氏（元愛育養護学校校長，現お茶の水女子大学名誉教授）にお話しを直接聞く機会がありました。そのときに，私たちが普段あたり前のように使っている"障害"という語の話をうかがいました。

　"害"は害毒の害です。"碍"という語を用いると，さまたげになる石という意味であり，さまたげになる石を目から取り除けば障碍はなくなります。ですから，私は"碍"を用い，最近は"障碍"と使っているという話をうかがいました。子どもたちは何も毒害を流していないわけで，どのような語を用いるかというのは，本人にとってプラスのイメージになるような語を用いればよいのです。本書では，引用部分も含め，これらの考えから"障碍"という語を用いています。

　また，エピソードに登場してくる子どもたちは，あゆ君とあやちゃん以外は仮名としています。あゆ君との係わり合いがあったからこそ，現在私は，大学で教員養成の仕事をしています。ですから，是非，あゆ君，あやちゃんは実名でエピソードを記述したく，ご両親に快諾をいただきました。

平成23年9月

菅原　伸康

目 次

はじめに

第1章　エピソードから学ぶ障碍のある子どもの行動の意味の読みとり方

エピソード1	ぼくらのせんせい	2
エピソード2	ぼくの！　いやぼくの！	4
エピソード3	ちゃんとみてよ	6
エピソード4	あっはっはっは	8
エピソード5	みて！　せんせい	10
エピソード6	天才画家，あゆ君	12
エピソード7	ありのままの天才画家	14
エピソード8	"こころ"と"こころ"	16
エピソード9	たのしいね！	18
エピソード10	あっちいってよ	20
エピソード11	ぼく，あそべたよ！	22
エピソード12	トントン	24
エピソード13	ブーブーブー	26
エピソード14	ぼく，あそべないんだよね	28
エピソード15	じゅん君	30
エピソード16	こうすけ君	32
エピソード17	ぼくをおいてどこに行くの？	34
エピソード18	一緒に帰ろう	36
エピソード19	せんせい，ひさしぶり！	38
エピソード20	こころの傷	40
エピソード21	ぼくが主役！	42
エピソード22	気づいてる，せんせい！	44
エピソード23	ホント，たのしいね，せんせい	46
エピソード24	ぼくはせんせい	48
エピソード25	じゅん君のハウツー	50
エピソード26	おしまい	52
エピソード27	"ある種"の問題行動	54
エピソード28	どうしたらいいの？	56

エピソード29　せんせいがやってあげるね……58
エピソード30　わたしのべんきょう……60
エピソード31　おかあさん，ねえ，おかあさん……62
エピソード32　わたしとおとうと……64
エピソード33　ゆーちゃんのあそび……66
エピソード34　ぼく，まーちゃん……68
エピソード35　あやちゃんのふ・し・ぎ……70

第2章　障碍のある子どもと仲良くなるために

1　障碍とは……74
　1　法律で定める障碍者……74
　2　WHO 国際障碍分類……76

2　知的障碍とは……78
　1　定　義……78
　2　知的障碍の分類……78

3　知的機能の遅れを生む要因……81
　1　内因性要因……81
　2　外因性要因……82

4　知的に障碍のある子どもの一般的な特徴……84
　1　言葉の問題……84
　2　運動機能の問題……86
　3　認知の問題……87
　4　記憶の問題……89

5　発達障碍とは……91
　1　定　義……91
　2　学習障碍（LD）とは……92
　3　注意欠陥多動性障碍（ADHD）とは……94
　4　高機能自閉症とは……96

6　目の前にいる障碍のある子どもをどのようにとらえるのか……98
　1　知的に障碍のある子どもの実態把握の考え方……98
　2　障碍（発達）の状態を把握する行動観察のいろいろ……100
　3　望ましい行動観察の在り方……100
　4　行動を観察するうえでの係わり手の基本的姿勢……102

5　行動観察の方法……103
7　実践事例……118
　　1　ネゴシエーションという考え方……118
　　2　やすひろ君とけんいち君とのネゴシエーションの目的……120
　　3　やすひろ君の紹介……121
　　4　やすひろ君との係わり合いにおける背景となる状況……122
　　5　実践の経過……123
　　6　けんいち君の紹介……127
　　7　けんいち君との係わりにおける背景となる状況……128
　　8　実践の経過……130
　　9　ネゴシエーション以前の"係わり手―子ども"間の係わり合いをとらえる視点……134
　　10　ネゴシエーションという視点……136
8　障碍のある子どもと係わり合うための8ヶ条……138

おわりに

補足説明／引用文献

第1章
エピソードから学ぶ障碍のある子どもの行動の意味の読みとり方

エピソード1　ぼくらのせんせい

　新学期初日，私があゆ君を玄関まで迎えに行くと，笑顔で走り寄ってきました。
　その後，一緒に教室まで手をつないで，ゆっくり歩いて行きました。教室の場所は変わっていましたが，さほど混乱も動揺もありませんでした。私と一緒であれば，人やものの環境が変わっても動じないように感じました。
　あゆ君は，車のおもちゃや大型三輪車にまたがり，遊びはじめました。私の方をめがけて突っ込んできては，私に車輪が当たると大声で喜んでいました。
私がクラスメイトのじゅん君と遊んでいると，あゆ君は，2，3度私の手を引っ張り，じゅん君と引き離そうとし，自分と遊ぶように私を誘ってきました。
　その後も，あゆ君は，私とじゅん君が係わっている場面を気にかけて，三輪車にまたがり様子をうかがっていました。じゅん君に対して，相当意識している様子が手に取るように分かりました。

　私とあゆ君は，昨年1年間をともに過ごした関係です。新年度になり，私以外の教室の先生や教室の場所が変わっても，全く混乱する様子はみられませんでした。これは昨年1年間で構築した信頼関係があり，学校生活での安全拠点に私がなっていたからだと考えられました。
　しかし，今年度仲間入りしたじゅん君と私が，係わり合いをもっていることに対しては，相当意識していました。
　「どうしてぼくの先生とぼく以外の人が遊んでいるのか？」を理解するまでには，少し時間がかかるように思いました。

　当時，私は2人の子どもを担当していました。担任をしていると，1人の子ども（あゆ君）と係わっていても，もう1人の子ども（じゅん君）にも絶えず気を配らなければなりません。あゆ君と係わっていても，じゅん君がどうしているかと思うと

気が落ち着かなくなってしまい，その子どもとの係わり合いを心から楽しめなくなることがありました。

また，新しい子どもや特に手をかける必要のある子どもを担当したときには，自分が今まで係わっていた子どもをおいて，その子どもとの係わりを優先させることもあります。

このような場合，たとえ時間は短くても，共にいるその時をゆっくりと楽しんで係わり合いをもつときに，はじめて子どもと心を通わせ合うことができるように思います。

学年が改まると，以前と環境が変わらないようにみえても，子どもにとってはクラスや先生，他の子どもたちの様子に変化を察知していることが多くみられます。大人の信頼を確認した子どもを抱えて，複数の子どもと係わり合うのには，人手が足りないことを感じさせられます。その中で，一人一人の子どもと確かな関係を作るのには，並々ならぬエネルギーを要します。ですが，たとえ瞬時であったとしても，1人の子どもと共にあるその時を私が本当に生きていなければ，子どもたちの生活は充実してこないのではないかと思います。

第1章　エピソードから学ぶ障碍のある子どもの行動の意味の読みとり方

エピソード2　ぼくの！　いやぼくの！

　あゆ君は，教室で大好きな"トーマス"のビデオを見ていました。そのビデオの音楽につられるように，じゅん君があゆ君の隣に座りました。
　少しの時間，2人はビデオに集中していましたが，突然じゅん君は前後に上体を揺らしはじめました。あゆ君は，そのことが気になるのか，2回ほど，じゅん君を真横に押しつけました。じゅん君は気にする様子もなく，そのままビデオを見ていました。あゆ君もそれ以上，じゅん君には係わり合いをもつことはありませんでした。
　しばらくして，じゅん君が立ち上がって，テレビに駆け寄り，テレビの前に立ちました。すぐにあゆ君も立ち上がり，じゅん君をテレビから遠ざけるように押しやりました。あゆ君とじゅん君は，押したり引いたりとやり合っていました。
　じゅん君はビデオを見るのをあきらめたのか，そのまま私のところまでやってきました。私は，「じゅん君，えらかったね。あゆ君に譲ってあげたんだね」と言葉をかけ，頭をなでました。あゆ君は何もなかったかのようにビデオを見続けていました。

　子どもは，2歳を過ぎる頃から，"自分の思いに従って事態を動かそう"としたり，"自分なりに思った事態を作り出そう"としたりするようになります。このことを鯨岡峻は，「外界の"そこ"を自分の思い通りの"ここ"にする営み，つまり世界を自分に中心化しようとすることが，この2歳代の子どもの生きる世界の特徴だといってもよいかもしれない。しかし，子どものそのような思いが先行して常に"そこ"を"ここ"にしようとするために，周囲の人の思いと食い違ったり，摩擦を起こしたり，対立したりする結果になる。その典型がこの時期の子どものいわゆる"自己主張"である」と述べています。
　このことは外界を"自分へと中心化"する動きの中で，自分が際立ち，自分の押

しが強まるということです。これは他の子どもも同じなので、そこに衝突が生まれるのです。逆に言えば、子どもは"自分の思い通り"が、必ずしも通るわけではないことを経験するのです。

じゅん君はこれまで、ほめられることが人一倍のやる気のもとになり、叱られることが自信喪失につながってしまうことが多くみられていました。このような場合、自分に対して良いイメージをもち、自分が価値ある人間だと思え、自分を大切にしようというじゅん君の気持ちに添った言葉がけが必要となると考えられます。また、あゆ君の"思い通りにしたい"という気持ちは、"思い通りにならないことが不安だから"と考えてみると、あゆ君の行動を"わがまま"というよりも、"必死さ"として理解できます。

さらに、子ども同士が"主体と主体"としてぶつかり合い、そこでいろいろな感覚を、身体を通して経験し、それによって"自我の芽生え"が準備されているととらえることもできます。

あゆ君もじゅん君も言葉による表現が難しいため、係わり手は、その子どもの気持ちをくんだり、代弁するなど、共感する体験を意識的に作り、適切な行動を教えていくことが重要なことではないかと思います。

第1章　エピソードから学ぶ障碍のある子どもの行動の意味の読みとり方

> ### エピソード3　ちゃんとみてよ

　この日，あゆ君は家から三輪車をもってきました。
　先日，お母さんから「先生，あゆ，三輪車乗れるようになりませんかね」と相談をもちかけられてのことでした。
　あゆ君は，さっそく三輪車にまたがりました。ペダルに足をかけることなく，片足ずつ交互に地面をけるように三輪車を進ませ，移動をしていました。
　私はペダルに足を乗せるように誘いましたが，すぐに足を下ろしてしまいます。また，両足をペダルに乗せ，私が足を動かしますが，あゆ君は嫌がり，すぐに足を下ろしてしまいます。
　あゆ君は，昨年度から，足こぎ型自動車に好んで乗り，校地内を自由に散策していました。左右交互に足を動かす，同時に動かすなどの足の運びで，地面をけるように移動をしていました。交互に足に力を入れ，動かすことができていたので，三輪車もこぐことができるようになるのではないかと，私は簡単に考えていました。
　あゆ君の様子をみていると，座った状態でペダルに足を乗せて，交互に動かすには，シートの傾斜が足りないように感じました。足をペダルに何かしらの方法で固定することも考えましたが，シートに傾斜を付けることでこぎやすい姿勢になり，併せて，ペダルに足を固定するのではなく，足の自由度がある足止めを付けることで，足に力が入れやすくなるのではないか，という考えから三輪車を改良しました。しかし，結果は同じで，すぐに足を地面に下ろしてしまうのです。

　何度も何度も，あゆ君の三輪車に乗っている様子のビデオを見返してみると，地面から両足を離すことに恐怖心があるのではないかと考えるようになりました。
　私は，外部からみると，ペダルを踏む動作を教えて，足止めを付けて足が外れないようになどと考え，あゆ君の内面世界から考えることをしていなかったのです。この時期，あゆ君は足こぎ型自動車に好んで乗っていました。これはしっかりと地

面に両足を付けることができ，自分でスピードを調整することができます。あゆ君からすれば，三輪車ほど恐怖心はなく，安心して，自分のイニシアチブで遊ぶことができるのです。

　"何歳になったら〇〇ができるようにならなければならない"という大人の先入観をもってしまったことが，あゆ君の現在の姿をありのままにみることを妨げてしまっていたのです。

　成長とは，大人に具合がいいように変化することをいうのではありません。その子ども自身が，自分から何かをするようになり，自分で遊べるようになり，自分の人生を自分らしく形成するようになることであると思います。

　あゆ君が私に"ぼくをしっかりみてよ"ということを教えようとしてくれたのではないでしょうか。

第1章　エピソードから学ぶ障碍のある子どもの行動の意味の読みとり方

エピソード4　あっはっはっは

　あゆ君は，昼食後，別の子どもがビデオを見ていて，そこに出くわしたのがきっかけで，ビデオを見ることになりました。私が用意をしたテレビの前のいすに腰をおろして見ていました。
　私は，あゆ君から少し距離を置き，連絡ノートを書いていました。
　すると突然，「あっはっはっは」と大きな声が聞こえました。私は「ん？」と思い，あゆ君に視線を移すと，ビデオを見ながら大声で笑っていました。あゆ君も私の視線を感じたのか，時折私と視線を交わし，ビデオを見ながら笑っていました。
　私は「あゆ君，ビデオ，面白いの？」と言葉に身振りサインを添えて尋ねてみました。あゆ君は，テレビを指さし，私の方を見ながら笑っていました。その様子に引きずられるように私も笑みがこぼれました。

　私はこのとき，「あれ？，あゆ君のこんなに大きな笑い声を聞いたのいつ以来だったかな？」と，この1年余りのあゆ君との係わり合いを振り返ってみました。
　あゆ君は，昨年8月からてんかん発作がみられるようになりました。抗けいれん剤が体になかなか合わなく，種類や量などの調整を続けていましたが，一向に治まらない状態が続いていました。
　てんかん発作の種類も強直発作や強直間大発作，欠神発作，脱力発作などがみられ，日に3，4回，強直や強直間大発作が現れ，意識を失ってしまう状態でした。
　登校をしてきても，発作や薬の副作用の影響で朝から足元はふらつき，表情も良くない日が数ヶ月続いていました。声すらなかなか聞くことができないでいました。
　たとえば，運動遊びなどでも，"体を動かしたいが，思うように体がついてこない，転んでしまう"など，あゆ君の必死な姿や自分自身に自問自答している姿がうかがえました。
　昨年8月までは，毎日元気に飛び跳ね，うるさいくらい声を出していたあゆ君か

らは，このような姿は想像できないものでした。

　私は，子どもとの係り合いの中に現れる具体的な行動を通して，その子どもの内面の世界を知ることができると考えています。一つ一つの日常的な場面の中に，"その子どもの教育"があると思っています。

　あゆ君が発作を起こしたとき，手を握ったり，あゆ君の体に触れたりしていると，発作の波が高まり，そして治まってゆくのが分かります。私たちには分からない不快な感じがあるのだと思います。私には，発作が治まり，元気だったころのあゆ君の状態が続くことを願うことしかできません。

　学校で，係わり手は，発作を治すことはできません。しかし，子どもが発作を起こしながらも自分で生活する場を作ることはできます。これが係わり手の仕事ではないかと考えています。

第1章　エピソードから学ぶ障碍のある子どもの行動の意味の読みとり方

エピソード5　みて！　せんせい

　あゆ君は，毎日スクールバスで学校に通ってきていました。ここ2，3日バスから降りると，自分が乗ってきたバスが移動するまでバスを眺めているのが日課になっていました。
　この日も，あゆ君はバスを眺めていました。私はその横でいすに腰を下ろし，あゆ君の連絡ノートを読んでいました。そのとき，あゆ君が私の右肩をたたき，外を指差し，右手掌を口に押し付け，「アー」と言いながら，私に何か訴えようとしてきました。私はあゆ君が指差す方向に視線を移すと，同じクラスのこうすけ君が登校してきていたのです。私は，「そう，こうちゃんが来たこと，スガワラに教えてくれたんだね」と言うと，あゆ君はニコニコしながら私を見ていました。
　こうすけ君は，自分の思いが通らないときなど，右手親指の付け根を噛みながら，「イー」という自傷行為がみられる子どもでした。

エピソード5　みて！　せんせい

　あゆ君は，日常のこうすけ君の状態を見て，その行為のまねをすることで，私に"こうすけ君が来た"ことを伝えたのです。
　あゆ君とこうすけ君が一緒に遊ぶということはほとんど見たことがありません。この2人は昨年も同じクラスで，朝の会や給食，集団での遊びなどで一緒に行動することはありましたが，係わり合うことはなく，"名前は理解しているかな？"といった程度で，私はこの2人の関係をみていました。
　しかし，あゆ君のふるまいからこうすけ君のこの行為がよほど印象深く残っていたということが想像できます。
　あゆ君は昨年度後半から，私や幼稚部教室の先生のふるまいのまねをするようにもなってきていました。
　人は何かを覚えようとするとき，そのしぐさをまねてみることからはじまる場合が多いものです。まねるということは，対象を自分の中に取り込むことです。つまり，対象へ好感をもつことによって学びがはじまるということでもあります。そして，まねることは対象になってみることですので，対象の気持ちをなぞってみて理解するということでもあります。それは，相手に対する理解がはじまるということであり，他者理解が起きてきたというあゆ君の成長に笑みがこぼれたエピソードでした。

エピソード6　天才画家，あゆ君

　この日，素材遊びで"砂遊び"を計画していたのですが，雨のため内容を変更することになりました。あゆ君は，好きな"ままごと"と"お絵描き"をすることにしました。
　お絵描きでは100円ショップで購入した"らくがきちょう"と赤と黒のボールペン，鉛筆を用意し，あゆ君に手渡しました。
　あゆ君は早速，赤いボールペンで絵を描きはじめました。はじめ，あゆ君は自由に絵を描いていました。線描画です。私は「あゆ君，スガワラの絵を描いてみてよ」と，提案してみました。すぐに，あゆ君は描きはじめました。上手に丸を何重にも描いています。私はそれを見て，「あゆ君，上手だね」と言うと，あゆ君はニコニコし，描き続けました。さらに，「あゆ君，今度はママを描いてみてよ」と言うと，また，上手に丸を何重にも描いていました。次はパパ，次はまこちゃん（弟）と，私の提案で丸を何重にも描き，描き続けました。その度に，私は「あゆ君，上手だね」と言うと，あゆ君はニコニコしていました。
　次に，絵本が近くにあったので，私は"ぞうさんの絵が載っている絵本"を，あゆ君に差し出し，「あゆ君，今度はぞうさんを描いてみてよ」と提案してみました。あゆ君は，その提案を受け入れ，時折，絵本に視線をうつし，象の絵をポッキングしながら，丸を何重にも描きました。この後，きりん，犬と続き，結局27枚のあゆ君には意味のある"絵"を完成させたのです。

　一般的に，3歳児の描く"絵"には，大人からみると，一見無雑作でたいした意味もないかのようにみえるものが多いものです。しかし，大人に意味が分からないものであっても，子どもが自分で思うように描き遂げるところに，その子どもにとって欠かせない成長があるように思うのです。
　今回のあゆ君の"絵"も，実際，意味がよく分からないものが多くみられました。

あゆ君は，何か意味ある"絵"を描いていると思われましたが，何の"絵"であるのかは明瞭ではありませんでした。「あゆ君，スガワラの絵を描いてみてよ」と提案したのも，何かのテーマを与えた方が私も理解できるし，あゆ君も描きやすいのではないかと考えたからでした。

あゆ君の"絵"をみていると，自分から描く"絵（線）"が，どんなにか微妙な感情を表わしており，その線によって描かれた27枚の"絵"を注意深く見てみると，その線の重なりを通して，その時の感情の動きとあゆ君の内面からの個性をみることができるように思いました。

たとえば，私やお父さん，お母さんの"絵"は，丸を何重にも描いた線で描かれています。丸はどこか暖かみがあり，今この時のあゆ君の世界の中で大きな意味をもつ人物を，親しみを込めて描いてくれたと考えることができます。

ここで描いたあゆ君の線には感情があり，あゆ君の内面を表した線や形として受け止めることができ，あゆ君にとって意味のある"絵"であることは間違いないと思われました。

第1章　エピソードから学ぶ障碍のある子どもの行動の意味の読みとり方

エピソード7　ありのままの天才画家

　この日も，素材遊びで"砂遊び"を計画していたのですが，雨のため内容を変更することになりました。あゆ君が好きな"ままごと"と"お絵描き"をすることにしました。

　お絵描きでは100円ショップで購入した"らくがきちょう"と黒のボールペン，オレンジの色鉛筆など，数種類を用意し，あゆ君に手渡しました。

　あゆ君は早速，黒いボールペンで"絵"を描きはじめました。はじめ，あゆ君は自由に"絵"を描いていました。線描画です。私は「あゆ君，今日は何を描くのかな」と尋ねてみました。それに応えることなく，あゆ君は"絵"を描き続けています。

　今回の"絵"は，1枚の画用紙の中に，丸を何重にも描いたり，波線を何本も描いたり，時間をかけてゆっくりと，丁寧に描いていました。私が，「あゆ君，今日もスガワラを描いてみてよ」とお願いしても，自分のペースで，自分の描きたい"絵"を描いているようにみえました。

　この日は，このような状態で，50分をかけ，3枚ほどの"絵"を完成させました。

　今回のあゆ君の"絵"も，実際，私からみて意味がよく分からないものでした。しかし，あゆ君は意味ある"絵"を描いていると思われます。しかし，大人の視点からは，何であるのかは明瞭ではありませんでした。

　この日は，私の提案にも応じることなく，自らの能動性によって，描き続けていたように思います。

　私が，「○○描いて」と言わなくても，自分で目的をもって描いていたのです。

　このようなときは，私の働きかけは必要なく，あゆ君が助けを求めたときにのみ私が手を差し出すことでよいように思うのです。

　教師だからといって，教え込む，訓練するなどの強制的な指導や，"ああしてや

ろう"，"こうしてやろう"ということはできる限り避け，子どもの今の状態をありのままに受け止め，係わり合いをもつという姿勢がみられてはじめて，子どもも変容し，関係も変容するように思うのです。

　また，実際3枚の"絵"をよく見てみると，脳波の波のようにも見えました。発作で毎日苦しんでいる今の気持ちを表現しているとみることもできます。

　前回の"絵"（天才画家　あゆ君）と比べると，あゆ君の成長の跡がうかがえる意識的な造形行為と評価してもよいのではないかと思いました。

第1章　エピソードから学ぶ障碍のある子どもの行動の意味の読みとり方

エピソード8　"こころ"と"こころ"

　音楽遊びの後に，私とあゆ君は教室で遊んでいました。あゆ君は床に座っていました。
　その時，突然，勢いよく後ろ向きに倒れ，頭（保護帽子をかぶってはいましたが）を床に打ちつけたのです。けいれんを起こしながら，涙を流していました。

　学校でも家でも，毎日このようなけいれん発作が起っているのです。
　あゆ君にとっては，突然頭を殴られ，突き倒されたような，強烈な衝撃が身体を襲う状態なのではないでしょうか。身体の内部の出来事ですが，あゆ君にとっては，身に覚えのないことで突然襲いかかるような，そして悪魔のような外的な出来事であるようにも思うのです。
　さらに，あゆ君にとっては，不可解な瞬間でもあると思われますし，発作の起きる直前までの人間的な秩序の世界が，発作という悪魔のような外的な衝撃によって崩壊し，混乱の状態に陥ることになるのだと思うのです。
　あゆ君は発作を起こすと，"悪いことをした"かのように，何もなかったかのようにふるまおうとします。私は，その様子をみていて，あゆ君は生理的に，そして，受動的に起ったこの出来事を能動にかえることで，自分の人間としての秩序を回復しているのではないかと思いました。
　あゆ君は発作を起こし，少しおさまってくると，必ず私の手を握ります。生理的だけではなく精神的にも混乱の中にいるあゆ君と，まさにこの時を一緒に過ごすことは，あゆ君の秩序を回復することを共に体験していると言えるのではないでしょうか。"保育・教育によって何とか……"とは思うのですが，今の私の力では，あゆ君の秩序を回復することを共に体験することぐらいしかできません。
　あゆ君は，発作が起こる以前は，毎日元気よく，声もよく出し，楽しく学校生活を送っていました。

エピソード8 "こころ" と "こころ"

　私は毎日の生活の全体を，生命的で，力動的なものとしていくことが，保育者（教育者）としての私の仕事であると考えていました。私たちの日々の保育・教育の生活は，とりとめもない小さなことの連続です。しかし，よく考えてみると，そこには日々異なった状況があります。その状況をいかに読みとり，子どもに返していくか。こういった係わり合いをもつことで，人の力では変えることのできない条件にあるあゆ君に，その制約の中で，毎日を快く過ごせ，生きている意味が見出せるような状況を作ることが，保育者（教育者）としての私の仕事ではないかと思っています。

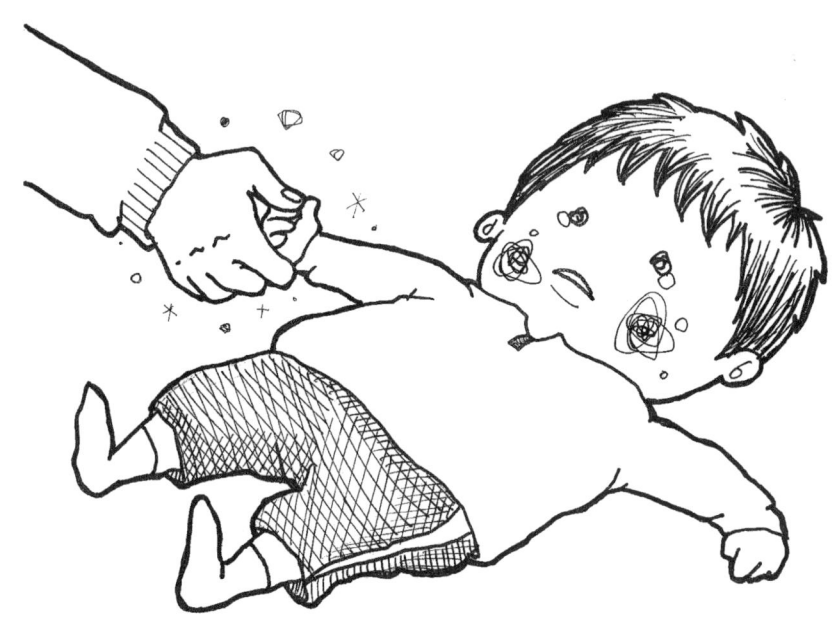

第1章　エピソードから学ぶ障碍のある子どもの行動の意味の読みとり方

エピソード9　たのしいね！

　この日は天気がよく，教室の前の砂場で砂遊びをすることになりました。
　あゆ君は，はじめシャベルで砂をすくいミニバケツに入れたり，私が砂を湿らせ容器に入れ，その容器を逆にして形がくずれないように砂場の縁に並べたものをくずしたりして遊んでいました。私は，「おいしそうなケーキができましたよ」，「カニさんができましたよ」と言って，砂を触るように注意をひく言葉がけをしていました。
　そのうちに，後藤先生がホースで水を出しはじめました。あゆ君はそのホースを持ち，自分の足元に水を流し出しました。私は，たくさん水がたまるように，「池をつくろうか」と言いながら，スコップで砂掘をしました。あゆ君は，ホースで水を入れ，あゆ君の身長以上に大きな池があっという間にできあがりました。私は，"山を作れば，ホースで水をかけ，くずさないか"と思い，「池の向こうに山を作ろうか」と言いながら大きな山を作りました。あゆ君はその山にホースで水をかけ，くずしはじめました。そのくずれる部分をよく観察しています。時々，私に視線をうつし，そのくずれている部分を指差して，ニコニコ笑っていました。私は「山がくずれてるね」と言いながら，遊びが拡がらないかと思い，山の頂上に近くにあった型押しを載せました。今度はその型押しめがけてホースで水をかけだしました。型押しが池まで流れると，大喜びで，ケタケタと笑いました。このように1時間ほど砂遊びに没頭しました。

　保育所や幼稚園，特別支援学校などで，砂遊びという題材で授業をするとき，だいたいは"砂の感触を味わいながら，砂を固めたり，丸めたりして，砂遊びの楽しさを知る"などの目標を立てることが多いものです。
　私は，このような目標を立てることを，基本的には好みません。学校（幼稚園，保育園も含）というところは不思議なところで，大人の考えた目標に子どもの行為

を近づけようとすることが多いところです。子どもが自分の意志で決め，遊びを選択したのにもかかわらず，大人からみて，目標が違うと，子どもをその方向へ引っ張り込もうとさえします。

あゆ君は，昨年まではあまり砂遊びが好きではないようにみえました。しかし，1年が経つと，自分から創造的な遊びをするようになりました。横でみていると，ホースで水を砂山にかけ，くずし，何かの芸術作品を作っているかのようにもみえました。1年経ったあゆ君の成長ではないかと思います。私は，保育者（教育者）はその子どもが能動的にはじめた行為がうまくいくように，いかに状況を工作し，その場その場での適切な働きかけ（子どもが能動的にはじめたことを邪魔しないような）をすることに，神経を集中させることが重要であると考えています。

係わり手である私がやったことといえば，あゆ君が能動的にはじめた遊びが拡がるように，池を掘ったり，山を作ったり，砂山の山頂に型押しを載せたりと，状況を工作したにすぎません。あゆ君の様子をみていて，必要以上の言葉や働きかけは必要ないようにも思えました。1時間という時間がこれほどにも短く感じられたのは私にとっても，久しぶりの経験でした。

第1章　エピソードから学ぶ障碍のある子どもの行動の意味の読みとり方

エピソード10　あっちいってよ

　給食を食べた後，あゆ君は私に，"おしっこ"の身振りサインを型どりました。私は，「おしっこかい？　トイレに行こう」と言葉をかけながら，あゆ君とトイレに行きました。私はいつものように，あゆ君のズボンとパンツを降ろしました。するとあゆ君はトイレの出入り口の方を指差したのです。私はカーテンを引いていないのを気にしているのかと思い，「カーテン閉めるんだね」と言い，カーテンを閉めました。そして，あゆ君に近づこうとしたとき，再度，トイレの出入り口の方を指差したのです。私は，「えっ？　スガワラも出ろということかい？」と尋ねました。あゆ君は，指差しをしたままです。私はトイレから出て，カーテンの隙間からあゆ君の様子を見ていました。
　あゆ君は，私がいなくなったのを確認してから，前を向き，おしっこをしました。降ろしたズボンとパンツはどうするのだろうかと思っていたところ，あゆ君は後ろを振り返り，「あー」と声を出したのです。私は，それに応えるように，「あゆ君，おしっこ終わったんだね」と言いながら，あゆ君に近づき，「ズボンとパンツは誰が上げるの？」と尋ねると，私のネームサイン（ひげ）を型どりました。ズボンを上げながら私は，「あゆ君，一人でおしっこしたんだね」と言うと，満面の笑みをうかべたのです。
　この日の午前中のおしっこのときまで，あゆ君は，一人でおしっこをするということはありませんでした。

　この場面では，私をトイレから出し，一人でおしっこをするというあゆ君の強い意志のようなものを感じました。そのために私は，カーテン越しに様子をうかがうことにしたのです。
　私は，"このあゆ君の行動にはどのような意味があるのだろうか"と考えました。
　私はあゆ君を，"一個の主体"として受け止め，1年以上，係わり合いをもって

きたつもりでいました。具体的には，私（係わり手）に認めてもらう経験をたくさん積んできたことで，あゆ君は自分自身の自己性の中核に自信を宿し，強く自分を押し出そうとしはじめてきているのではないかと考えられます。この自尊心とも言うべきものは，係わり合い方を，あゆ君がじっと見つめ，そして，身体で経験することで，私のすることや態度を取り込んだ結果ではないかと考えられます。

　私はあゆ君を，自分の都合に従わせようとか，自分の願っている通りにさせようという思いは全くもっていません。私の思いに従わせようと思っても，現実にはなかなか思うようにはならないことの方が多いのです。そうなってくると，私はもっと強く従わせようとして悪循環に陥ってしまい，私とあゆ君の関係は最悪のものになってしまうでしょう。

　私に認められて，あゆ君が"満足"をたくさん経験すれば，あゆ君は，自分を認めてくれる私のことを好きになるはずです。そうなれば，あゆ君は私のすることを取り込もうとします。これは，遠回りのようにもみえる係わり合い方であると思いますが，その方が効率的に，私の願っている方向にあゆ君を導いてゆくことができるように思います。

第1章　エピソードから学ぶ障碍のある子どもの行動の意味の読みとり方

エピソード11　ぼく，あそべたよ！

　この日，あゆ君の机に，リモコン式の電車のおもちゃをセットしておきました。

　あゆ君は，登校してすぐにそのおもちゃをみつけ，私に尋ねてきました。私は遊び方を教え，自由に遊んでよいことを伝えました。

　あゆ君は，スピードが5段階になっている"回転式"スイッチを自在に使い，スイッチを回し，速く動かしたり，ゆっくり動かしたり，スピードを調整しながら遊んでいました。

　そのうちに，レールから電車をはずし，レールの内側に電車をおいて走らせました。電車がレールの内側を走っている様子を，あゆ君はじっくり観察していました。

　しばらくして，今度は子ども用プール（ビニール製）の中で電車を走らせました。しかし，床面がビニールなため，うまく走りません。そのうまく走らない様子を，私に指差しなどで伝えました。そして，電車の充電が切れてしまい，遊びを中断せざるをえなくなりました。

　あゆ君は，トーマスのビデオを見るのが大好きです。ミニチュアのトーマスのプラレールのおもちゃも好きで，教室でもよく遊んでいました。プラレールの場合，自分で操作をして遊ぶということができません。スイッチを一度入れると，後はレールの上を走る電車を見るだけになってしまいます。

　私は，何か操作をして電車遊びができないものかと思い，リモコンで動く電車のおもちゃを用意したのです。

おもちゃは，子どもが扱うものです。
　子どもが何かをすると，光の点滅や回転などの視覚的な変化が生じたり，音や振動が伝わったりすること，つまり，その子どもに合った形のフィードバックが得られることが大切になります。
　あゆ君は，"スイッチを入れると，電車が動く"という因果関係に気づき，遊んでいたわけです。
　因果関係や応答性がはっきりしているため，あゆ君が，自分で操作をすることが可能になり，達成感や成就感を味わうことができたのではないでしょうか。
　また，あゆ君は別の場面で，真剣な表情で集中しながらおもちゃやゲームに向き合うことがみられました。
　このような遊びに取り組む中に，あゆ君にとって，今とても大切な何かがあると考えることができます。
　子どもは，遊びの中でいろいろなことを考え，育つと考えられます。

第1章　エピソードから学ぶ障碍のある子どもの行動の意味の読みとり方

エピソード12　トントン

　じゅん君が，クッションに横になりながら，右手で自分のお腹を軽く2, 3回ポッキングをしました。私は，その様子を見て，すぐに「トントン」と言いながら，じゅん君のお腹にポッキングをしてみました。じゅん君は，「トントン」と言いながら，自分のお腹をポッキングしました。私は，やりとり遊びに展開しないかと思い，再度「トントン」と言いながら，じゅん君のお腹にポッキングをしてみました。じゅん君は，両足で私の胸にポッキングをしました。私は，「そうだね，上手だね，トントンだね」と言い，「トントン」と言いながら，じゅん君のお腹にポッキングをしました。じゅん君は，「トントン」と言いました。
　このように，私の「トントン」と言いながら，じゅん君のお腹にポッキングをする誘いに，じゅん君は，言葉で「トントン」と言ったり，両足で私の胸をポッキングすることで応えました。繰り返しやりとりすることで，「エヘヘ」と笑いながら応えるようになりました。

　このエピソードは，じゅん君が自発したしぐさを私がとらえ，やりとりに発展しないかと思い，共鳴・共振的に応え，さらに，じゅん君が共鳴的に応えたと考えられます。
　このとき，私にはじゅん君の笑顔やしぐさを通して，"気持ちが通じ合えた"，"やりとりが楽しかった"という気持ちが生まれました。
　2人の人間がなぜ気持ちや感情を分かり合えるのでしょうか。その基盤となるのは，私たちがこの身体をもち，この身体がさまざまな感性的なものを感受することを通して，互いに共鳴・感応することができるという事実があるからではないでしょうか。
　身体がお互いに共鳴し，感応するとき，人は"何かが通じた"，"何かを分かち合えた"という気持ちになることができます。それはやりとりやコミュニケーション

場面での，1つの満足体験になると考えられます。さらには，それの再現を求める動機付けにもなります。

このような身体を通した共鳴現象は，まずは，"触る―触られる"，"抱く―抱かれる"など，身体と身体が触れ合うところに生じるように思います。一方，"声を聴く―声を出す"，"見つめる―見つめられる"など，そこに"距離"が介在する場合にも生じえるように思います。このように私たちの身体を通した共鳴現象は，直接的のみならず，"距離"を隔てた遠隔的にも生じるのです。

このことが"通じ合い"であり，大人と子どもの関係性の中で可能になったとき，少なくとも大人側には，"やりとり，コミュニケーションができた"という感性的な実感が生まれるのではないでしょうか。

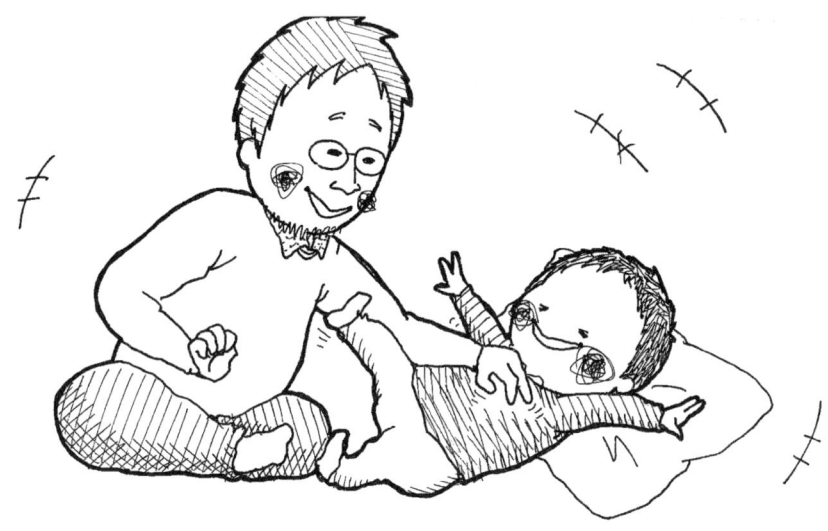

第1章　エピソードから学ぶ障碍のある子どもの行動の意味の読みとり方

エピソード13　ブーブーブー

　じゅん君が私に視線を向け，下唇に左手をあて上下に動かしながら，「ブーブーブー」と言いました。私は，すぐにそれに応えるように，じゅん君に視線を向け，下唇に左手をあて上下に動かしながら，「ブーブーブー」と応えました。そのふるまいを見ていたじゅん君は「エヘヘ」と笑いました。私もじゅん君につられるように「エヘヘ」と笑いました。
　再度，じゅん君が私に視線を向け，下唇に左手をあて上下に動かしながら，「ブーブーブー」と言います。私は，すぐにそれに応えるように，じゅん君に視線を向け，下唇に左手をあて上下に動かしながら，「ブーブーブー」と言います。そのふるまいを見ていたじゅん君は，「エヘヘ」と笑いました。私もじゅん君につられるように，「エヘヘ」と笑いました。このようなやりとりがしばらく続きました。
　じゅん君は，横になった姿勢から起き上がり，私の方に向きを変え，私に視線を向け，下唇に左手をあて上下に動かしながら，「ブーブーブー」と言います。私は，すぐにそれに応えるように，じゅん君に視線を向け，下唇に左手をあて上下に動かしながら，「ブーブーブー」と言います。
　そのふるまいを見ていたじゅん君は，「ワッハッハ」と笑いました。私もじゅん君につられるように「ワッハッハ」と笑ってしまいました。
　昨日（「トントン」）のじゅん君が自発したしぐさを私がとらえ，私がやりとりに発展しないかと思い，共鳴・共振的に応え，さらに，じゅん君が共鳴的に応えたエピソードを，じゅん君が一つの満足体験としてとらえ，そのやりとりを次の日（今日），ここで再現したのではないかと思います。

　このエピソードは，じゅん君とのやりとりが，情動的に係わり手である私と共有され，じゅん君にとって喜ばしい，楽しいこととして経験されました。その経験をふまえて，より一層自発的，能動的な表出が起こったということではないだろうか

と考えられます。

　そこにコミュニケーションの端緒をとらえることができると思います。相互的なコミュニケーションが成立するか否かは，じゅん君からの発信に対するスガワラの"受け方"によると思います。つまり，"じゅん君の表出行動―スガワラの特定の受け方"が固定されることにより，じゅん君は自分の行動と私の応答との関係を理解し，"意図的"に表出するようになるのではないでしょうか。

第1章　エピソードから学ぶ障碍のある子どもの行動の意味の読みとり方

```
┌─────────────────────────────────────────┐
│                                         │
│   エピソード14　ぼく，あそべないんだよね    │
│                                         │
└─────────────────────────────────────────┘
```

　じゅん君は，教室に入るとすぐに，トランポリン遊びをはじめました。遊び終えると，木琴に興味を示し，ばちで木琴をたたいたり，ばちを嚙んだりしていたのを見て，じゅん君が応答しないかと思い，私は別のばちで木琴をたたいて誘ってみましたが，じゅん君はばちを嚙んだままでいました。

　じゅん君はばちを嚙んだまま，横にあった絵本（音の出る）に視線を移し，触りました。私は，じゅん君が音の出ることが分かっていないのかと思い，「じゅん君，ここ押すと音が出るんだよ」と言いながらボタンを押しましたが，じゅん君は再び横にあった木琴に視線を移し，ばちでたたきはじめました。絵本から"ゆきやこんこ……"と音楽が流れることに気づいて視線を向けましたが，絵本に触ったり，音楽を聴いたりということはせずに，木琴をたたいたり，ばちを嚙んだりしていました。たたき終わるとおもむろに立ち上がり，ばちと木琴を手に取り，別のスペースに木琴を移動させ，立ったままばちで木琴をたたいていました。たたき終わるとばちを手放し，木琴の上に乗りはじめました。すぐに降りるとばちを手に取り，再び木琴をたたきはじめました。たたき終わると，テーブルにおいてある絵本に視線を移しましたが，すぐに横においてあるトーマスのおもちゃの電話を手に取ってなめ，なめ終わるとすぐにトーマスのおもちゃの携帯電話を手放し，横にある絵本をめくりはじめました。見ているというよりは，めくっているという感じでした。めくり終えると，再び横においてあるトーマスのおもちゃの電話を手に取り，机に打ちつけ，放り投げた後に，トランポリンへと向かいました。

　じゅん君のこのような次から次へと起こる行動の変化は，いかにも全体を見渡して選択的に反応しているように見えますが，じゅん君の行動文脈に寄り添い，係わり合うことで，行動を起こすと視線がそれ，最初に見えた特定の刺激から，別の刺激へと引きずられて起こる変化であるように思われました。じゅん君は，"探す"，

"見つける"，"見比べる"，"確かめる"という視覚の使い方をしていないようにもみえました。また，じゅん君は，外界を構成するための位置や方向，順序などの"行動の基準"が形成されていないので，外界が全体として1つのまとまりを示さないために，その行動はとめどなく，どこで始まって，どこで終わったのか，分からないようにもみえました。

　これらの行動は，ある特定の刺激（おもちゃなど）が一瞬見えたことがきっかけとなって，その刺激に一方的に引きずられていくようなパターン化した行動と言えます。

　これらのことを改善するために，私は，じゅん君が興味をもっていた排水溝や格子状の物の穴から葉っぱや小枝を落とす遊びからヒントを得て，玉入れ遊びを考えました。玉入れは，穴の空いた容器の穴を見て，箱などの中から玉を探し，その玉をつかみ，再び容器の穴を見る，そして，手を容器の穴にもっていき，玉を入れるという運動の開始，視線の動き，運動の終了というひとまとまりのヒトとしての行動と視覚の使い方が，この遊びの背景にはあるからです。

　これらの遊びを繰り返すことで，じゅん君は統制のとれた行動が確立し，生活世界が拡がると思われました。

　この後，私はじゅん君の玉入れ遊びが飽きないように，玉の大きさを変えたり，類似する棒入れ遊び等を提供し，遊びを少しずつ変える工夫をしました。じゅん君は，短時間ではあったのですが，おもちゃでも遊ぶことができるようになりました。

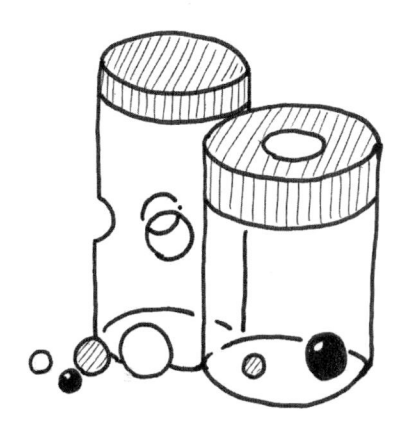

エピソード15　じゅん君

　私は，じゅん君と何かをはじめるときには必ず，「じゅん君」，「じゅん」と名前を呼んでから，係わり合いをもつようにしていました。
　この日まで，私が「じゅん君」，「じゅん」と呼びかけても，まるで聞こえていないかのように，今していることを続け，返事をしたり，振り向くということは一度もありませんでした。
　この日，私たちは給食前に校内散策に出かけました。"のびのび広場（学校内の遊具のある場所）"で遊んでいる時に，何回か「じゅん君」，「じゅん」と呼ぶことがありましたが，この日も返事をしたり，振り向くということはありませんでした。
　じゅん君は滑り台を滑り終えたところで，横になっていたので，私が，「じゅん君」，「じゅん」と名前を呼びましたが，じゅん君は応えませんでした。ところが，突然じゅん君は私に近づいてきて，視線を合わせ，「じゅん君」と不明瞭ながらも自らの名前を言ったのです。しかし，私は，じゅん君の発音が不明瞭だったために，この時気づいてやることができませんでした（後日ビデオを見て分かったのです）。

　私は，子どもは，「おーい」，「～ちゃん」，「～君」の"呼びかけ"で係わり手からの働きかけがはじまるのだということを知ることができると考えています。
　ですから私は，子どもに，係わり合いがはじまるのだということを伝えることは重要なことであると思い，呼びかけてから係わり合いをもつようにしていました。
　このエピソードは，じゅん君の学校生活における安全拠点に，私がまだ位置づいていないということが言えるのではないでしょうか。
　じゅん君にイニシアチブを与え，じゅん君が注意を向けるものに私も注意を向け，係わり合いをもつことを繰り返すことで，少しずつ私が注意を向けたものに，じゅん君も注意を向けてくれるのではないでしょうか。このような係わり合いを繰り返していくことで，じゅん君は私を信頼できる一人の大人として認めてくれ，私の

「じゅん君」,「じゅん」の呼びかけにも応えてくれるようになるのではないかと考えています。

　また，知的に障碍の重い子どもや，視覚と聴覚の双方に障碍のある子どもと係り合いをはじめるとき，あるいは，子どもに近づくときには，係わり手がそばに来たこと，いることを知らせることも大切なことです。

　突然，係わり手が，何も言わずに横に座ったり体に触れたりすると，子どもが驚いたり，不安を感じたりするからです。

　子どもが気持ちよく係わり手との出会いを迎え，係わり合いをはじめられるように配慮することが大切なのではないでしょうか。

第1章　エピソードから学ぶ障碍のある子どもの行動の意味の読みとり方

エピソード16　こうすけ君

　こうすけ君は，じゅん君が入学して以来，係わり合いをもった（他の子どもや教師が同じ行動をとったら必ずたたかれると思われるような行動）人の中で，決して手をだすことなく受け入れている，唯一の友達でした。

　この日も，こうすけ君は教室に来るなり，じゅん君のもとにかけより，じゅん君の足を触ったり，手をつないだり，言葉（不明瞭でしたがこうすけ君の好きな"牛乳"，"三菱"，など，こうすけ君にとっては意味のある言葉，じゅん君にとっては意味があるとは思えない言葉）をかけても，じゅん君はこうすけ君の方をみながらニコニコしているのです。

　さらに，2人は向かい合って座り，じゅん君が声を出しながら両手を挙げると，こうすけ君も声を出しながら両手を挙げます。じゅん君が手を下唇に当て，「ブブブブブ」と音を出すと，こうすけ君も手を下唇に当て，「ブブブブブ」と音を出すなど，じゅん君の現わすふるまいやしぐさをこうすけ君は正確にまね，じゅん君に返しているのです。

　この後，じゅん君が横になるとこうすけ君も横になり，じゅん君の顔を自分の方に向けようとしました。じゅん君は嫌がらず，こうすけ君に身を委ねているようにみえました。このようなやりとりが5分間ほど続きました。

　毎日のようにたたかれ，かじられている私からみると，この2人の関係は，"？？？"です。

　1日の学校生活で2人が同じ場を共有することは，給食の時間の30分ほどの時間だけです。

　こうすけ君は入学式翌日からじゅん君に関心をもちはじめ，教室に来ると，真っ先にじゅん君のところに駆け寄っていきます。エピソードでも述べましたが，足を触ったり，手を触ったりなど，接触を続けていました。じゅん君は，この間，一度

エピソード16　こうすけ君

も嫌な態度をみせたことがありませんでした。受け入れているといった方が適切かもしれません。

確かに，私に対しての他害も日に日に減ってきてはいます。少しずつ関係ができてきているからだと思われますが，こうすけ君の場合，どのように考えたらよいのか分かりませんでした。

こうすけ君の場合，じゅん君のふるまいやしぐさをまねて，"共鳴・共振的"にふるまっているのは確かです。

私とこうすけ君，一見この"共鳴・共振的"なふるまいも同じようにとらえることができるかもしれませんが，深層においては違うのかもしれません。

私は，"構え"て係わり合いをもち，こうすけ君は，何の"構え"ももっていません。私は，じゅん君と係わり合うとき，気がつかないところで，先入観や自分の経験を通して，じゅん君をみているのかもしれません。こうすけ君は，このようなフィルター越しに，じゅん君をみていないなど，深層においては，私の見方，係わり合い方とこうすけ君の見方，係わり合い方は大きく違っていたのかもしれません。じゅん君は，この違いを微妙に感じ取り，こうすけ君を，はじめから"友達"として受け入れたのではないでしょうか。

第1章　エピソードから学ぶ障碍のある子どもの行動の意味の読みとり方

エピソード17　ぼくをおいてどこに行くの？

　私は，じゅん君と教室にいました。あゆ君は，別の教室で，パソコンで遊んでいました。
　パソコンの調子が悪くなったのか，あゆ君が，私を呼びにきました。私は，じゅん君に「じゅん君，少しまっていてね」と言葉をかけ，後藤先生にじゅん君のことをお願いし，あゆ君と別の教室に行きました。
　2人でパソコンを操作していると，そこへじゅん君がやってきました。私をみつけるなり，抱きついてきたのです。その表情は，「ぼくをおいてどこにいっていたの？」というように私には感じられました。
　じゅん君のこの行動は，"あとおい"です。私は，この時，じゅん君は，私を学校生活における安全拠点として認識してくれているのだと感じました。そして，心から"可愛い"と思い，抱きしめることもできました。

　この"あとおい"は，一般的に1歳前後にみられ，幼児期には，お母さんを求め，一時も離れられないということは，時ある毎にみられるものです。
　このじゅん君の行動が気になり，何度もビデオを見返し，考えてみました。先にも述べました一般的な"あとおい"であれば，じゅん君が成長してい

る1つの証として受けとめることができます。別の視点から考えると，今までじゅん君が1人の大人と深く係わり，信頼し，じゅん君自身の"ありのままの姿"を受けとめてもらうという経験をしてこなかったのではないかとも考えることができます。子どもと同じレベルになってつきあってくれる大人が存在しなかったとも表現できるのかもしれません。

　大人の頭の中で作られた基準や社会的規範にとらわれすぎて子どもと係わり合いをもつことは，私自身危険なことであると考えています。このような係わり合いを続けると，大人の要求に合わせようとする意志のみが育ち，子ども本来の野性は育たなくなります。

　いずれにせよ，"あとおい"行動がみられるようになったことは事実です。私が，一番に考えていた"関係作り"が少しずつ実りあることとして，じゅん君に受けとめてもらっているのかと思わせてくれたエピソードでした。

エピソード18　一緒に帰ろう

　この日，私とじゅん君は，午前中を外で過ごしました。
　たくさんの距離を歩いたのと，滑り台や箱ブランコ，トランポリンなどで遊び，じゅん君も少し疲れた様子を見せ，地面に横たわっていました。
　私は，「じゅん君，疲れたのかい？」，「そろそろ教室に帰ろうか？」などと，言葉をかけていました。しかし，じゅん君は，聞いているようではあったのですが，応答はありませんでした。
　そのまま，少しの時間が流れました。
　私は再度，「じゅん君」と名前を呼び，「立って，歩いて，教室に行こうか」と言葉を続けました。じゅん君は，ムクッと立ち上がり，私に駆け寄り，私の手を握り，歩きはじめたのです。そのじゅん君の手からは，"一緒に帰ろう"という思いが伝わってくるように感じられました。私は，心から"嬉しい"と思えました。
　じゅん君の方から"手をつないでくれた"ということは，2つ考えられるのではないかと考えました。

　1つめは，私は，"この日じゅん君に思いっきりつき合ってみよう"と思い，じゅん君が遊ぶことに，できるだけ能動的な遊びになるように支援をしていました。イニシアチブをじゅん君に与え，私は，じゅん君が自主的に選択した遊びがうまくいくように働きかけていました。そのような私の思いが伝わり，じゅん君からの"ありがとう"という意味を込めた，身体を通しての言葉だったのではないでしょうか。

2つめは，子どもたちの気持ちというのは，子どもたちの"ふるまい"全体の中に現われます。指先や目の動き，ちょっとした表情の変化などのしぐさといわれているものの中に，子どもの気持ちというのは小さなところにも宿っているのです。

子ども全体の姿勢だとか，全体の動きはもちろんのこと，部分部分の小さなところにも子どもの気持ちは同じように現われていると考えることができます。

一つ一つのしぐさであったとしても，子どもたちは無意味なことはしません。つまり，子どもたちの現すしぐさやふるまいはすべて何らかの意味が"読みとれる"，"読みとれるはずだ"と思い込んでみていくことが大切なのです。

これは，私たちにとっても主体的な活動ですから，見ようとしなければ見えません。そういう意味でも，子どもの現している行動には何らかの意味があると思ってみるということが大切なのです。

そこには，その人の経験や感性が反映します。そのように自分自身をしむける必要があるのです。そのためには，子どものしぐさやふるまいを言葉に表わして子どもに返すことが重要なのです。

たとえば，「スガワラのほうをみたね」，「手が動いたね」，「足が動いたね」などといった子どもの変化を，私たちが自分自身のために，そして，子どものためにも言葉で返して，その場で表わしてみるのです。それができなければ，しぐさの意味を読みとるところまではいくはずがないのです。

大切なことは，このような習慣を私たちがもつということです。こういうところを通り抜けて，はじめて言葉に出さなくてもそれができるようになるのです。

子どもがそこで何をしているのかを私たちは，言葉に直していかなければ，子どもの小さな動きを読みとることはできません。

子どもが一つ一つ表わしている表情やしぐさを言葉に直して自分に語りかけてみる，つまり，子どもに返してあげるのです。

話し言葉に直したのでは，十分に返らない子どももいます。そのような場合は，翻訳して子どもに通じる言葉で返す（身振り，しぐさなど）のです。

そのとき，子どもは「そうだよ」という表情をするかもしれません。しないかもしれません。でも，やってみなくてはわからないのです。

このエピソードは，私がじゅん君と，このような子どもの見方，係わり方をしてきたことが，少し実ってきたとも言えるのではないでしょうか。

第1章　エピソードから学ぶ障碍のある子どもの行動の意味の読みとり方

エピソード19　せんせい，ひさしぶり！

　2週間ぶりに，じゅん君が登校してきました。鼻水は少し出るようでしたが，肺炎の方はもうすっかりよくなっているようでした。

　朝，教室まで自分の足で歩いて入ってきました。私は，施設の職員に抱っこされて登校してくるだろうと勝手な想像をしていたのです。金曜日に，じゅん君が入所している施設から電話を受け，月曜日から登校する旨の連絡を受けていたのです。その時から，「2週間休んだのだから，学校に来ても寝転んでることが多いだろうな」と，じゅん君の姿を想像していました。それが，あまりにも唐突（私からしてみれば）に，じゅん君が教室に入ってきたのです。「せんせい，久しぶり」ともいいたげな，あまりにも爽やかな表情であり，2週間の空白を全く感じさせなかったのです。私は，「あっ，えっ，じゅん君，久しぶり」と言葉をかけると，じゅん君は，私に抱きついてきました。

　この唐突な出会いの他は，特別に構えることなく，1日じゅん君に係わることができました。この出会いの後，いつものように私と一緒に靴を脱ぎ，靴下を脱ぎ，トーマスのビデオを見て，毎日のルーティン化した内容を一緒に行ったのです。2週間の空白はじゅん君には何ということのない時間だったのでしょうか。

　私は，じゅん君との関係作りがうまくいきかけていたときだったので，「空白の2週間はいたいな」と思っていたのです。しかし，私の心配をよそに，じゅん君は私のことを忘れてはいなかったのです。

　1人の子どもを大人同士（教師と教師，教師と母親などなど）が相互に理解しあって保育・教育することは，大人たちが，互いに補い合って子どもをみるという相互理解がその基盤にあると思うのです。

　今回のじゅん君のケースでは，学校（担任）だけ，もしくは施設（担当）だけが頑張ったところで，子どもの発達は限られたものになっていたような気がします。

私自身，子どもの見方（理解の仕方）には，子どもの外的活動と内的世界の両方をみていかなければならないと考えています。つまり，子どもの外から見た発達だけにとらわれるのではなく，子ども個人の内的な発達にも目をとめなければならないということです。

　一般的には，どうしても外から見た発達に目をとめがちです。子どもの行動が，社会的な常識（大人からみて）に近づくように変容するのをみるときに，これは大人からみた社会的な常識という1つの視点から外的に子どもを見る見方であるように思うのです。また，低い段階から高い段階へ直線的な変容を見る見方も，外的に子どもを見る"発達"の見方であるように思うのです。しかし，このような見方は，私自身，保育・教育の場にはふさわしくないと考えています。子どもが表わす1つの行為（ふるまいやしぐさ）には，その子ども特有の意味があるからです。その意味を省察していくことが保育・教育の実践，子どもの見方には必要であるように思うのです。

　つまり，子どものこのようなふるまいやしぐさに，大人がこのように係わったら，こういう応答，または変容があったというような見方をしていくことが，子どもの本質を知ることができる1つの方法ではないかということです。

　私のこのような考えを，施設のあつこ先生は理解してくださり，同じ考えでじゅん君に係わってくださいました。

　具体的には，私がその日のじゅん君の興味深く思った出来事をエピソードとして記し，省察を加え，あつこ先生にメールで送り，そのエピソードにコメント・感想，さらには施設での様子等も併せて記したメールを返してくださったので，同じ視点からじゅん君をみていくことができたのです。

　このように，学校（担任）と施設（担当）が同じ視点に立ち，1人の子どもをみていくというのは，大人同士の相互状況知覚による連携と表現してもよいのではないでしょうか。

第1章　エピソードから学ぶ障碍のある子どもの行動の意味の読みとり方

エピソード20　こころの傷

　土曜日，日曜日に風邪をこじらせ，肺炎になったじゅん君。今週は病院のベッドで休んでいるのです。
　じゅん君がいないからこそ，見えてくるじゅん君の姿があるように思います。

　忙しさから（大人の勝手な，理由にならない理由？），毎日の流れの中で，惰性のように係わりをもっていたようにも思うのです。このじゅん君の休みは，私に考える時間をくれたのかもしれません。
　入学からこれまでのじゅん君との係わり合いを省察してみました。
　じゅん君に本気で向かい合っていたかどうか……。学校における"安全拠点"，と言いながらも，他の子どもに対する"たたく，かじる，ける，頭つきをする"という行為を減らすことを中心に係わっていたようにも思うのです。
　私の経験則からではありますが，このような"ある種"の問題行動は，1つの行為を取り上げて修正し，その行為がたとえおさまったとしても，また別の行為によって表現するようになることが多いものです。その行為の本質を探さなくては，悪循環になってしまうと思うのです。
　理屈では分かっていながらも現実を見据えると……。悩むところでもあったのです。
　ただ最近，私は，この"ある種"の問題行動を，私に対する"挑戦行動"と受け止めるようにしていました。思う存分私をたたけばよいでしょうし，嚙み付けばよいと思うようになってきていたのです。
　じゅん君からみれば，私をある種，試しているのかもしれません。他の子どもをたたけば，保護者に頭を下げ，丁重に謝れば許してくれるのではないかと思うと，急に楽になり，じゅん君が可愛くて仕方がなくなっていたのです。
　子どもを変える前に，私が変わらなくてはならないということを，忘れていたよ

うに思うのです。

　子どもが変化しなければ一緒にやっていけないということではなく，私が自分の考え方を変えて，自分とは違うじゅん君を"ありのまま"でつきあうことを必要としているのだと思うのです。このことが，本質的な部分で，じゅん君を理解するということではないでしょうか。

　じゅん君にかじられた痕をみると，その傷以上にじゅん君の心の傷の方が"大きな傷"なのだと思うのです。今さら，じゅん君による傷が，私の体に1つや2つできたところで，私には何の影響もありません。

　まずは，たくさんかじられることからはじめなければならない係わり合いもあることを，じゅん君は教えてくれたのかもしれません。

第1章　エピソードから学ぶ障碍のある子どもの行動の意味の読みとり方

エピソード21　ぼくが主役！

　この日，運動遊びで，リトミックとサーキットの2つの運動を行いました。
　リトミックは，子どもたちが，自分の動き（走る，歩く，後ろ歩きなど）を調整し，曲に動きを合わせる運動です。
　サーキットは平均台，蛇腹トンネル，太鼓橋，トランポリンなど，子どもたちは自分のやりたい運動を選択して，自分のペースで運動をすることができます。
　じゅん君は，リトミックにおいては，活動の大方の時間を私に抱きかかえられて過ごし，時折「じゅん君，歩こうか」の言葉がけで，歩くことを誘うのですが，すぐに抱っこを求めてきました。2度ほど，私から離れ，走る場面はみられました。
　それが，サーキットの活動になったとたんに，抱いていた私の手を振りほどくように降り，配置されている教具にまっしぐらに走っていきました。今までにみたことのないような，能動性に支えられ，"水を得た魚"のごとく積極的に，活き活きと，一生懸命に取り組んでいるのです。

　この2つの活動の違いは，どのような理由によるものなのでしょうか。
　この2つの活動の違うところは，じゅん君からみると，リトミックは"やらされている"，サーキットは"主体的に活動に取り組んでいる"という意識の違いがあるのではないでしょうか。つまり，リトミックは係わり手である私にイニシアチブがあり，サーキットにはじゅん君にイニシアチブがあるということです。
　保育園や幼稚園，特別支援学校などで，集団というと，"その構成員の個々が相互に働きかけあい，影響しあう場"として認識されていることが多いのではないでしょうか。
　私は，"相互に働きかけあう"前に，子どもたちはその場で一人一人が生き生きと自分を発揮（自己実現）できなくてはならないと考えています。つまり，子どもたちがそれぞれ自分を発揮し，その上で互いに働きかけあうという方向へと，子ど

42

もの発達と共に階段を上っていくのではないかと考えています。
　というのは，活動にあるテーマが与えられていたとしても，全員が同じことに，同じように取り組むということははじめから考えられることではないからです。子どもの興味や関心をベースに，できることにできるかたちで，取り組むという活動に仕立て上げてみること，それが"個に配慮"するということの本質であるように思うのです。
　別の言い方をすると，まず子ども一人一人との個々の係わり合いの場が十分に生かされる形を作り出すことで，全体（集団）の場も成り立つのではないかということです。
　私は，暦年齢3歳までは，子どものイニシアチブ（主体性）のもと，子どもの注意に大人の注意を向ける段階であると考えています。4歳は移行期で，5歳になってはじめて，集団での活動が多少なりとも成り立ちはじめる段階と考えています。大人のイニシアチブのもと，大人の注意に子どもの注意を向けることができはじめる段階であるということです。
　じゅん君の場合，暦年齢は4歳ですが，知的な面を考えると，まずは生き生きと自分を発揮できる場を提供することが先なように思いました。

第1章　エピソードから学ぶ障碍のある子どもの行動の意味の読みとり方

エピソード22　気づいてる，せんせい！

　休み時間に，私とあゆ君が遊んでいました。じゅん君が，少し距離をおいたところで遊びはじめました。私は，その様子を見守りながら，あゆ君と遊んでいました。
　その時，じゅん君が，あゆ君に近づいてきました。じゅん君は，私を見ながらあゆ君の頭をたたいたのです。
　私は，「じゅん君，たたいちゃだめだよ」と言いながら，2人の間に割って入りました。
　じゅん君の，クラスの友達に対する"たたく（かじる，ける，頭突きをする）"行為は，特に月曜日が多いのです。それは，週末を施設で過ごすじゅん君の担当の先生が，土曜日は日中を一緒に過ごせるのに対し，日曜日は夜勤が多いため，日中を別の職員が対応していることが関係しているのかもしれません。
　じゅん君は，このように週末を過ごし，月曜日に登校してくるのです。

　私は，じゅん君だけではなく，あゆ君とも係わり合いをもたなければなりません。あゆ君と係わっていると，じゅん君は，私に視線をとめ，視線を交わしながらあゆ君の頭を「スカン」とたたくのです。
　たたくことで私が止めにじゅん君に近寄ります。近寄ることで，私は，あゆ君から離れるわけです。必然的にじゅん君と係わり合いをもつことになるわけです。"いつも，つねに"自分に目を向けていてほしいということなのだと考えられます。
　"たたく"という行為を，私の注意を引くための手段として用いているのです。よく小さな子どもがお母さんの注意を引きたいがために，わざと悪いことをします。お母さんに叱られることが分かっていながらも"悪いこと"で表現するのです。
　私は，以前から，経験則ではあるのですが，"外界を探索する力が増すにつれて，子どもは自ら進んでさまざまなことを試みるようになるのではないか"という思いをもっていました。

エピソード22　気づいてる，せんせい！

　お母さんは自分の子どもに，"あなたは可愛い"という思いを，まなざしや身体などを通低して伝えるとともに，"可愛い子ども"として映し返す行為を自然のうちに行っています。そのことにより，子どもは，自分は"可愛い子ども"と思い込んで，自らの自己性の中心に自信を育むという経験をしているのです。

　子どもは大人に受け入れ，認められるという経験を積むことで，自信を培い，その自信を盾に，意欲的に人に係わり，ものに関わり，物事を積極的に行おうというように成長していくのではないでしょうか。

　じゅん君の場合も，"たたく"という行為を表現手段とするのではなく，別の方法を教えなくてはならない時期にきているのも事実だと思います。

　それと並行して，じゅん君に，"あなたの周りの大人は，あなたを受け入れ，認めているんだよ"という経験を積んでもらうことで，自信を培い，その自信を盾に，意欲的に人に係わり，物に関わり，そして，物事を積極的に行おうというようになっていくのではないでしょうか。

45

第1章　エピソードから学ぶ障碍のある子どもの行動の意味の読みとり方

エピソード23　ホント，たのしいね，せんせい

　この日，あゆ君がお休みだったので，じゅん君と2人で1日を過ごしました。
　この日は，個別学習の日でしたので，校内散策（校舎周辺）に出かけることにしました。校地内のため安全面は全く心配なく，"じゅん君の行きたい場所に行く"ことを前提に，係わり合いをもつことにしました。つまり，じゅん君にイニシアチブを与え，私はそれを見守るような形で行動をともにしたのです。
　じゅん君は，飛び跳ねるように小走りにどんどん進んでいきました。階段を上がり，スロープを勢いよくくだり，マンホールや格子状の柵などに目を向け，時々後ろからついて行く私を，気にしながら振り返り，そして，ところどころじゅん君が立ち止まったところで，私が言葉がけを行いながら係わり合いをもち，楽しい時間を過ごしていました。
　40分ほどの時間でしたが，じゅん君の表情をみると，満足そうな笑みを浮かべていました。

　この日は，あゆ君がお休みだったので，じゅん君と2人の活動となりました。水曜日は，個別対応の学習の日となっているため，1人少ないということで，私にもゆとりができ，係わることができたのです。
　日頃，じゅん君を叱っていることの方が多いため，できる限り叱らなくてもよい状況の中で過ごすことが，"私"，"じゅん君"，双方にとって必要なことだろうと考えて，外で自由に遊べる環境を提供したのです。
　じゅん君からみれば，自分のイニシアチブで活動できる時間でしたでしょうし，大好きな体を動かす遊びができたわけです。
　私からみれば，叱る必要のない時間でしたし，じゅん君と遊ぶことに没頭できた時間でもあったのです。
　じゅん君の注意を向けたものに私も注意を向け，そこで私は，言葉に動作などを

重ね合わせ，じゅん君に伝わるように係わり合いをもったのです。じゅん君も私に巻き込まれるように，音声言語や身振りなどで私に話しかけてきました。私は，その話しかけにできる限り応答をしていました。このようにやりとりを楽しむことができる時間をもつことも大切なことだと改めて実感したのです。

　私は，障碍のある子どもと係わり合いをもつとき，個々の子どもの活動レパートリーの中で，子どものイニシアチブをもとに，子どもと私が共有し合う活動テーマを作ります。そして，そのテーマに沿った活動に従事し，子どもが注意を向けたものに，私も注意を重ね合わせます。その子どもとのやりとりが，情動的に私と共有され，子どもにとって喜ばしい，楽しいこととして経験されます。その経験を踏まえて，より一層，自発的，能動的な表出が起こり，やりとりやコミュニケーションに発展していく可能性があると考えています。

第1章　エピソードから学ぶ障碍のある子どもの行動の意味の読みとり方

エピソード24　ぼくはせんせい

　給食を食べた後，私は連絡ノートを書いていました。
　そのとき，じゅん君がやってきました。じゅん君は，私が連絡ノートを書いているのをのぞき込み，私が持っていたノートとボールペンを奪い取ったのです。
　私は，どうするのかと思い様子をみていました。じゅん君は，ノートにボールペンで何かを描きはじめたのです。
　じゅん君は，ボールペンは逆さまに持ってはいるのですが，何かを描こうとしていたのです。1分間ほどノートに向かい，何かを描こうとしていました。
　じゅん君のこの行動は，明らかに私の行動のまねです。
　このとき私は，"ノートが使えなくなってもいいので何をするのか見てみたい"という思いがあり，じゅん君の要求に応じるままノートとボールペンを渡したのです。
　じゅん君は，そのノートに何かを描こうとしたのです。ボールペンを逆さまに持っていることからボールペンを道具として使用することは理解していないのかもしれませんが，私のまねをしようとしていることは確かな事実です。

　この短いビデオを何回も見直してみました。そして，「まねる」ということを考えてみました。
　私のふるまいやしぐさをまねるということは，ここ何日か前からみられるようになっていました。
　朝の会のとき，じゅん君と手遊びをするのが日課になっていました。手遊びを終えて，私が，「じゅん君，もう1回するかい？」と，言葉に人差し指を立てる身振りサインを重ね合わせることで尋ねると，じゅん君は，人差し指を立て，もう1回手遊びをすることを要求します。
　このしぐさは先週くらいから見られるようになっていました。

じゅん君と係わり合いをもって3ヶ月，ここにきて私のふるまいやしぐさをまねしはじめてきたのです。
　まねるということは，対象を自分の中に取り込むということです。つまり，まねたいと思うのは，対象になってみたいということです。
　それは，対象へ好感をもつということでもあり，相手に対する理解がはじまるということでもあります。
　じゅん君も，少しは私を受け入れてきてくれたのではないかと思われたエピソードでした。

第1章　エピソードから学ぶ障碍のある子どもの行動の意味の読みとり方

エピソード25　じゅん君のハウツー

　じゅん君は，"白米"が苦手です。
　白米は口に入れてもすぐに出してしまいます。
　この日は"すし飯"にしてもらい，じゅん君に出してみました。
　私は，「じゅん君，今日のごはんはすし飯だよ」と言いながら，スプーンに一口のせ，お皿に出してみました。じゅん君は，スプーンを鼻に近づけ，"クンクン"と臭いをかいでいました。そして，そのスプーンを口に運び，モグモグと噛み，"ゴックン"と飲み込んだのです。
　私は，「食べた！」と思い，もう一口差し出してみました。じゅん君は，何の迷いもなく，そのスプーンを口へと運んだのです。
　この日，じゅん君は，"白米"を全部食べたのです。

　これまで"白米"をどうにか食べてくれないかと思い，のり巻きにして出したところ，3，4回は食べてくれたのですが，それ以降は食べなくなってしまいました。また，カレーライスも，初めの数回は食べたのですが，それ以降はルーしか食べなくなりました。
　どちらも本質が解決されたわけではなく，私自身もいろいろと考えていました。
　先日，じゅん君が入所している施設の先生とお話をしていたときに，おばあちゃんが，「すし飯なら食べる」ということを，以前お話ししていたということを聞き，栄養士さんにお願いして，"すし飯"を用意してもらったのです。
　このときの私には，「食べた，食べた」という思いが強く，じゅん君が臭いをかいだということには気がついていませんでした。
　ビデオを見返しているうちに，"臭いをかいだ"ということに気がついたのです。
　原因は"臭い"だったという考え方もできるでしょうが，1回の試みだけではそう簡単に言い切れるのもではありません。

たとえば，冷たい食事は食べない，臭いには敏感であるなど，感覚が過度に敏感なために，偏食を示す子どもたちもいます。

　将来のことを考えて，嫌がることに無理に慣れさせようと思うのではなく，パニックになるような子どもの場合は，なおさら，"慣れろ"というのは，時期尚早だと思います。

　ハウツー本を見ても，所詮，既製品です。

　子どもたちは，一人一人違った存在です。

　既製品では，微妙なところが合いません。オーダーメイドのハウツーにすることが，係わり手である保育者やお母さんの仕事と考え，目の前の子どもの気持ち（本質）に寄り添い，一人一人に合った対応を行うことが大切なことです。

　じゅん君の場合も同じです。じゅん君のハウツーを追及していくことが，私の仕事になるのでしょう。

第1章　エピソードから学ぶ障碍のある子どもの行動の意味の読みとり方

エピソード26　おしまい

　散歩に出かける前，私とじゅん君は玄関で遊んでいました。玄関には，大きな"からくり時計"があります。数種類あるスイッチを押すとトーマスが動いたり，アンパンマンが飛んだり，風車が回ったりと，子どもたちの興味を引きつけるしかけになっていました。
　この日，じゅん君もスイッチを押したり，回したりしながらランダムに操作し，キャラクターが動く様子を楽しんでいました。
　じゅん君は，いったんからくり時計から離れました。
　そのときを見計らい，私は，「じゅん君，スイッチはおしまいにして，お外に行こう」と誘いました。じゅん君は，返事はしなかったのですが，手と手を重ね，擦り合わせ，"おしまい"の身振りサインを型どりました。そして，私と一緒に散歩に出かけました。

　この時の私には，"じゅん君を外へ連れ出して活動をさせたい"という強い思いがありました。しかし，この場面のビデオを見て，この時の係わり合いを振り返ってみました。
　私はある程度，じゅん君が満足するまでスイッチ遊びにつき合ったことで，活動の切り替えが行われたのではないかと考えました。
　この活動の切り替えを，"おしまい"という視点から考えてみました。
　活動には1つの流れ，まとまりがあります。その流れの中で，"はじまり"と"おわり"を子ども自身が理解すれば，子どもは，自分の活動をおしまいにできます。つまり，子どもが活動の文脈を理解しての"おしまい"です。
　また，今行っている活動が"おしまい"になり，次の活動がその子どもにとって，楽しいものであれば，今行っている活動を，主体的に調整して"おしまい"にできる場合もあります。さらに，日常的に大人が，子どもを力で抑えつけているような

係わり合いをしていると，子どもは萎縮してしまい，自分の意思を表すことができず，仕方なく"おしまい"にすることもあります。

以上の3点が，"おしまい"の意味として考えられるのではないでしょうか。

今回のじゅん君の場合は，1つめの視点であったように思われます。

しかし，障碍のある子どもたちは，この活動の切り替えがスムーズにいかないことが多くみられます。ただこのことは，私たちにも言えることではないでしょうか。

ですから私は，障碍の有無に由来するものではないと思っています。

係わり手は，子どもたちが，どうして活動を切り替えなくてはならないのかを理解できるように，分かりやすい言葉で伝えることが重要なことだと考えられます。

第1章　エピソードから学ぶ障碍のある子どもの行動の意味の読みとり方

エピソード27　"ある種"の問題行動

　教室の中に，スイッチ教材を並べた場所があります。
　やすまさ君が，スイッチ教材が好きで，やすまさ君のために担任が作成したものです。
　今年度入学したじゅん君も興味をもち，スイッチを鳴らし遊んでいました。そこへ，"僕のなわばりで遊ばないでよ"と言わんばかりに，やすまさ君がやってきて，じゅん君の横でスイッチを鳴らし遊びはじめました。
　しばらくすると，やすまさ君は，横で遊んでいるじゅん君の存在が気になったのか，自分のおもちゃで他の人が遊んでいることが気になったのか，じゅん君が鳴らしているスイッチを一緒にたたきはじめたのです。
　じゅん君は，そのやすまさ君の行動が嫌だったのか，やすまさ君の腕にかじりついたのです。私の「じゅん君，かじったらだめだよ」の言葉に応じて，かじるのをやめました。やすまさ君は，再度，じゅん君が遊んでいたスイッチをたたきはじめました。じゅん君は，そのやすまさ君の行動を見て，やすまさ君の腕にかじりつきました。私は，2人を引き離しました。

　このような"友達を嚙む"という行動は，一見，問題行動としてとらえがちです。
　しかし，どの問題行動にも必ず理由があります。
　今回のじゅん君の場合は，自分はおもちゃ（スイッチ教材）で遊んでいたのに，やすまさ君が横取りをしたという思いがあり，"かみつく"という表現手段で，"じゃまをしないで"という気持ちを，やすまさ君に訴えたのではないかと思います。
　このとき私は，"かみつく"という表現手段で訴えるのではなく，別の手段で訴えるということを教えなくてはならなかったのです。同時に，「かみついたらだめだよ」と怒るのではなく，「じゅん君の気持ちはよく分かるよ」と，じゅん君の気持ちを受け止めることも必要であったように思います。

そして，傷ついた子どもの方にも，不安な思いをさせないように配慮し，保護者に対する説明や謝罪と，今後の対応を伝えることもしなければなりません。

先にも述べたように，どのような"ある種"の問題行動にも，必ず理由があるのです。

"ある種"の問題行動の表面的な問題にのみ注目をして，表面的，感情的に対応するのではなく，その行動の本質に目を向け，対応しなければなりません。

"どのような問題行動が起きているのか"を明確にしたうえで，その行動が生じるのは，いつ，どのような状況なのか，その行動が生じた後，どのような変化が後続しているのかを明確にしなければなりません。

つまり，前後の行動文脈やその場の全体状況，その子どもの生い立ちなどを考え，その子どもなりの理由（本質）を解釈できるようなアプローチを考えることが大切なことなのです。

第1章　エピソードから学ぶ障碍のある子どもの行動の意味の読みとり方

エピソード28　どうしたらいいの？

　この日，じゅん君は，給食前の時間，教室にある滑り台で遊んでいました。何回か滑り台を滑った後に，床を"ジーッ"とみつめているような感じで，床に正座をして座っていました。私はどうしたのかと思い，「じゅん君」と名前を呼んでみたのですが，変わらず床を"ジーッ"とみつめています。私は，再度，「じゅん君」と名前を呼んでみました。すると突然，じゅん君は，怒ったように両手で床をたたき，近くにいたあゆ君のところまでかけより，あゆ君の頭をたたいたのです。私は，その場に走りより，「じゅん君，たたいちゃだめだよ」と言いながら，じゅん君をあゆ君から引き離しました。

　じゅん君はこれまで，毎日のように先生，友達かまわず，"たたく，ける，かじる，頭突きをする"といった暴力的な行為を繰り返していました。
　一緒に生活していて，理由を読みとることができるときもあります。たとえば，「給食を食べていて，自分の分はもうない。それでもお腹が減って食べたい。でも先生からは，給食終わりだよ，と言われる。でもぼくはもっと食べたい。もっと食べ物が欲しい」という文脈であれば，私もじゅん君の気持ちを理解し，対応することができます。
　しかし，じゅん君の場合，前後の行動文脈やその場の全体状況などを考えても読みとれないときがたくさんあるのです。たとえば，私がじゅん君を抱っこしているときも，いきなり私の顔をたたいたり，手を押さえながら，「たたいちゃだめだよ」と言っている時に，頭突きをしたり，かじる，けるなど，次から次へと暴力的な行為に及びます。
　じゅん君は，親の暴力によって障碍を背負うことになりました。生まれて間もない頃から，じゅん君への暴力ははじまり，生後4ヶ月のときに病院に運ばれ，退院後，一度は父方の祖母に引き取られたのですが，1歳8ヶ月のとき，乳幼児施設に

入所することになったのです。

　私との関係において,「そう言えば,今日はたたかれなかったな」と,ここ何日か（係わり合いをもって3ヶ月）,たたかれない日があります。しかし,私以外の教師や友達には,この行為は減る様子はみられません。

　私がこの日まで,じゅん君の暴力的な行為に対しての対応として,考えていたことは,

- じゅん君の場合,"これは良いこと","これは悪いこと"という善悪の正しい認知がきちんとできていない。
- じゅん君のこのような"たたく,ける,かじる,頭突きをする"というある種,反道徳的な行為を,私が力ずくで強制的にやめさせるやり方は,じゅん君をより萎縮させてしまい,トラウマを呼び起こさせてしまうのではないか。
- もし私が,力ずくで強制的にやめさせたのなら,強圧的な態度を,よりじゅん君に取り込ませてしまうのではないか。
- そのことにより,じゅん君は,自分よりも弱い他の子どもたちに,強圧的な態度を突きつけることになり,何の解決にもならないのではないか。

ということでした。

　じゅん君は,幼少の頃から,"自分の気持ちをしっかり受け止めて対応してもらう"という経験を積み重ねていくことで,人を思いやる気持ちや道徳的なふるまいは,身近な信頼できる大人たちの態度やふるまいによって取り込まれ,その信頼できる大人たちのうながしがあって可能なものになる"という体験を3歳8ヶ月までしてこなかったと考えられます。"一個の主体として受け止めてもらう"という体験を,これから私が積み重ねさせていくことで,私を身近な信頼できる大人として認めてくれるようになるのではないでしょうか。

　その時に,本当の意味での係わり合いがスタートすることでしょう。

第1章　エピソードから学ぶ障碍のある子どもの行動の意味の読みとり方

エピソード29　せんせいがやってあげるね

　この日，まーちゃんは，登園後すぐにおもちゃの車に乗り，遊びはじめました。まーちゃんは，車に乗ったまま私に近づいてきて，私の顔をやさしいまなざしで見つめながら，「パトカー乗る？」，「バス行っちゃったね」……など，話しかけてきました。私は，その一つ一つに丁寧に，やさしい口調で，「パトカーに乗るのかい？」，「バス行っちゃったのかい？」……と，応答していました。何度か繰り返しているうちに，まーちゃんは，私から離れていきました。そして，またすぐに近づいてきて，「バイクは？」，「タクシー乗る」……などと，話しかけてきました。接近と回避の繰り返しです。次第に，まーちゃんの中で，このやりとりが停滞してきたのでしょう（私の受け方，返し方が良くなかったこともあります），友達が遊んでいるままごとの皿や絵本などを，あたりかまわず放り投げてしまったのです。
　私は，活動を切り替えた方がよいと思い，「まーちゃん，外にバス見に行こうか？」と提案すると，まーちゃんは，「バス見に行く」と強い口調で言いながら飛び跳ねて，嬉しさを全身で表現していました。そして，小走りに部屋の出入り口まで行きました。靴を履き替えたまーちゃんは，私の左手を力強く引っぱり，小走りに廊下を進んでいきました。私が手を離すと前方に跳んでいきそうな勢いでした。
　外に出ると，駐車場に三角コーンが3本立っていました。その方向に歩いていくと，突然，まーちゃんは，私の手を振り払い，小走りに三角コーンまで走っていきました。そして，1本ずつ三角コーンを倒しはじめたのです。1本は右へ，1本は左へ，そして1本は垣根の方へと倒しました。まーちゃんなりに考えて倒しているようにみえました。そして，倒したコーンを一瞥し，コーンの空洞部分に手を入れ調べていました。倒しては立て，立てては倒すことを，3度ほど繰り返していました。まーちゃんは，倒したままその場を立ち去ろうとしたので，私は，「まーちゃん，倒したコーン立ててよ。それからバスを見に行こうよ」と言いながら，まーちゃんの左手を引き，ガイドしましたが，まーちゃんは，その手を振り解き，全く

エピソード29　せんせいがやってあげるね

コーンを立てる様子はありませんでした。

　私は、「まーちゃん、先生コーン立てるから、そこで待っていてね」と言うと、まーちゃんは、私がコーンを立てている様子をじっと見ていました。3本とも立て終わると、まーちゃんは、一瞬、"ニコッ"と静かに笑ったのです。そして、私とまーちゃんは、手をつなぎバスを見に散歩に出かけました。

　このまーちゃんの"物投げ"は、まーちゃんの行っている活動が停滞ないしは雑になり、細かい調整がまーちゃん自身の中でできなくなったときに、"物投げ"という行為で表現したのだと考えられます。

　このような場合、係わり手が、場（活動）をタイミングよく切り替えることにより、解消されるのです。実際、別の場面において、私が場を切り替えることにより、物を投げることをやめ、私が提案したやりとりに熱中することができていました。

　ただ単に、言葉で「だめ」、「やめなさい」と言うのではなく、係わり手は、まーちゃんが、"物投げ"をしなくてすむように、場を切り替えるという状況工作をしなければならないのです。

　また「パトカー乗る？」、「バイクは？」、「バス行っちゃったね」などの言葉は、係わり手である私に、コミュニケーションを楽しむために語りかけているというよりは、覚えた言葉自体を言うことを楽しんでいるように思われました。

　「パトカー乗る？」、「バイクは？」、「バス行っちゃったね」などの言葉に、係わり手は、とりあえず言葉で返し、共通の話題として拡げられるように、一緒にバスの絵を描いたり、ミニチュアを見せ、一緒に遊んだりと、バリエーションをつけ、物の世界へと拡げていくための状況工作が必要になるのです。

第1章　エピソードから学ぶ障碍のある子どもの行動の意味の読みとり方

エピソード30　わたしのべんきょう

　ゆーちゃんは，ボールプールの方へ私の左手を引っぱり，ゆっくりとした歩調で歩いていきました。左手をつないだまま，ゆーちゃんが先にボールプールの中に入り，次に私の手を引っぱり，ボールプールの中へと誘いました。私を先に座らせ，私のおなかあたりに，ゆーちゃんの顔が向き合うようにして座りました。
　ゆーちゃんは，"赤色のボール"を手にとり，両目の中心位置に"赤色のボール"を近づけ，"ジイッ"と見て，ボールを後ろへ，物を捨てるように軽くほうりました。次に，"黄色のボール"を手にとり，両目の中心位置に"黄色のボール"を近づけ，"ジイッ"と見て，ボールを後ろへ，物を捨てるように軽くほうりました。これを何回も繰り返しました。ゆーちゃんの行動をよくみていると，"赤色のボール"は見ている時間が短く，"黄色のボール"は長かったのです。また，1回1回，両目の中心，右目の中心，右側・左側，左目の中心，右側・左側と，ゆーちゃんなりに見る位置を変えながら見ていました。ボールと目との距離は一定していました。
　私は，ゆーちゃんが"赤色のボール"を取ると，「赤いボールだね」，"黄色のボール"を取ると，「黄色いボールだね」と，言葉をかけ，ボールを後ろに投げるときには，「赤い（黄色い）ボールが後ろに飛んでいったね。ポーン」と，ゆーちゃんの動きに合わせ，言葉をかけていました。
　ゆーちゃんは，笑顔一つ見せず真剣な顔つきで20分間程，この活動を行っていました。
　ゆーちゃんの両目は，常に眼球が上下・左右に動いていました。これは，彼女の障碍からきているもので，眼球が動いているときには，ほとんど見えていないと思われました。目の動きを調整する筋肉が弱いので，このように眼球が動く状態が続くのです。成長と共に，見ようとする意欲が育ち，また一番見やすい位置を学習することで，この目の動きは少なくなっていくと思われます。ボールを目に近づけている状態では，ゆーちゃんの眼球は，静止していました。このとき，はっきりでは

ありませんが,"ボヤッ"とした状態で見えていると思われました。

　このとき私は,ゆーちゃんはただボールを見て後ろへ投げるという遊びを繰り返しているだけであると思っていました。しかし,何回かボールプールでやりとりしながら,ゆーちゃんの様子を見ていると,"黄色いボール"の方が見ている時間が長いことや,ボールを動かしたり,自分の顔を動かしたりして,いろんな角度から見ていることなども分かるようになりました。

　他にも,たとえばブラックボードなどを利用し,背景が黒色で,見る対象が黄色やショッキングピンクなどコントラストのはっきりしたものによる状況工作を,私がすることが大切だと知ることができ,ゆーちゃんと係わり合いをもつ上での1つのヒントを得ることができました。

　ゆーちゃんは,1人で"見る学習"をしていたのです。そのことを係わり手である私が読みとり,より見やすい状況を工作することが必要であると学ぶことができたやりとりでした。

第1章　エピソードから学ぶ障碍のある子どもの行動の意味の読みとり方

エピソード31　おかあさん，ねえ，おかあさん

　この日，ゆーちゃんは，お母さんと電車を乗り継いで学校にやってきました（普段は自家用車）。いつもは登園後，ゆーちゃんは，すぐに着替えをすませ，お母さんから離れて私や他の男性教員と遊びはじめるのですが，この日に限って，お母さんから離れようとしませんでした。体を摺り寄せるようにお母さんの横に座ったり，抱っこやおんぶをしてもらおうとお母さんにちょっかいをかけたりしていました。しかし，お母さんは受け入れようとせず，「だめ！　遊んでおいで」と，強い口調で言っていました。ゆーちゃんは，お母さんから1メートルほど距離をおき，その場でグルグルと回ったり，小さく飛び跳ねたりと，いかにもお母さんの注意をひこうとしてやっているようにみえました。しかし，お母さんは，別の子どものお母さんとの会話に夢中になっていました。
　私は，ゆーちゃんの方に赤いバルーンを転がしてみました。ゆーちゃんから2，3メートルのところでバルーンは止まりました。ゆーちゃんは，気付いていませんでした。2，3分後，ゆーちゃんは，赤いバルーンにやっと気付き，私の方に，バルーンを転がしながらゆっくりと歩いてきました。
　その転がしてきたバルーンが，私にぶつかりとまりました。ゆーちゃんは，ケタケタと小さな声で笑いました。私が，「ゆーちゃん，おはよう」と言うと，ゆーちゃんは，バルーンを前へ押しやり，私のひざの上に顔が向き合うようにして座りました。座るとすぐに，ゆーちゃんは，私の両耳をもち，自分の顔に近づけるように引っぱりました。そして私の顔を確かめるように，ゆーちゃんは，自分の顔をこすり合わせるように近づけてきました。それから両手で，私の顔を10本の指で強めに触りました。目を触り，鼻，口，ひげ，耳と1つ1つ確かめるように強い力でまさぐってきました。ゆーちゃんの手が，私の顔から離れたので，私はもう一度，「ゆーちゃん，おはよう，今日もたくさん遊ぼうね」と言いました。ゆーちゃんは，満面の笑みを浮かべ，私のひざの上で踊るように体を上下に動かしました。

エピソード31　おかあさん，ねえ，おかあさん

　はじめ，ゆーちゃんは，お母さんに何度となく接近を繰り返していました。そのときのゆーちゃんの表情をみていると，期待に満ちたかすかな微笑みを浮かべながらも，同時に「遊んでくれるかな？」というような少し疑うような顔つきをしていました。このとき，ゆーちゃんの気持ちは，お母さんに向かっていたのです。しかし，2人のやりとりをみていて，私は，これ以上，ゆーちゃんの気持ちをお母さんに向けていても遊ぶことは難しいのではないかと思い，赤いバルーンをゆーちゃんの方に転がしたのです。そのバルーンに気が付いたゆーちゃんは，私のいる方にバルーンを転がしながらゆっくり歩いてきたのです。そこで，私の「ゆーちゃん，おはよう」の言葉に，ゆーちゃんの気持ちは，私に向けられたのです。

　ゆーちゃんの，"自分のことが受け入れられたと"いう気持ちが，私のひざの上で飛び跳ねる姿に表われていたのではないでしょうか。

エピソード32　わたしとおとうと

　この日，お母さんとゆーちゃん，弟（2歳2ヵ月）の3人で登園してきました。弟はとても元気で活発な子でした。弟はこの日までに2回程，一緒に登園してきており，教室の先生や私とも顔なじみでした。ただ弟とゆーちゃんが，一緒に遊ぶ場面は一度も見たことがありませんでした。この日，私とゆーちゃんは，トランポリンで遊びました。遊び終わり，「ゆーちゃん，次何して遊ぶ？」と尋ねたところ，ゆーちゃんは，私の手を引っぱり座るように要求しました。ゆーちゃんは，座った私の後ろに回り，首に手をまわし，おんぶを求めてきました。おんぶをしながら私は，"あおぞらのしたで…♪"と歌い，ゆーちゃんは，私の背中で，歌に合わせるように，体を上下に動かし「キャッキャッ」いいながら楽しんでいました。そこに弟が小走りにやってきました。弟は私に話しかけたり，Tシャツを引っぱったりと，ちょっかいをだしはじめました。それに私が応答していると，ゆーちゃんは，いきなり私の背中から飛び降り，弟から私を遠ざけようとしているかのようなすごい力で私を引っぱり，トランポリンへとガイドをしたのです。

エピソード32 わたしとおとうと

　同じ日，私とゆーちゃんは，ボールプールで遊んでいました。そこに弟がやってきて，すごい勢いでボールプールにとびこんできました。ゆーちゃんは，一瞬弟の方を注意深く見て，急いでボールプールの中を泳ぐように，私に抱きついてきました。そして私に近づこうとしている弟を押しやったのです。

　これらのゆーちゃんの行動は，ゆーちゃんが，1人の人と満足するまで遊ぶという経験が少ないがためのふるまいではないかと思われました。学校では，ゆっくりと満足するまで1人の先生と遊ぶ時間がなかったり，ブロックをやりはじめると他の子どもが手を出すので最後まで遊べないのです。家庭でも元気な弟に力負けしてしまうのです。自分の思うようにブロックをしたり，1人の人と遊んだりする経験がないのです。ゆーちゃんなりのペースで活動する"場"を確保することが必ずしも容易ではないのです。
　"学校"こそが，ゆーちゃんが欲している，「今日はたくさん遊んだな」，「満足したな」と思えるやりとりを心がけるべき"場"なのではないでしょうか。

第1章　エピソードから学ぶ障碍のある子どもの行動の意味の読みとり方

> # エピソード33　ゆーちゃんのあそび

　ゆーちゃんは，私の左手を力強く引っぱり，トランポリンへとゆっくりした歩調で行きました。ゆーちゃんは，トランポリン上，私はカーペット上に位置し，顔が向かい合うように両手をつなぎました。ゆーちゃんは，"ポンポン"と，リズミカルに笑顔で跳んでいました。
　数分後，トランポリンにあがるように私の両手を力強く引っぱりました。トランポリンにあがると，ゆーちゃんは，私の両手を下方に引っぱり，座るようにガイドしたのです。座るとすぐにゆーちゃんは私の背中にまわり，首に両手をまわし"おんぶ"を要求してきました。私はおんぶをしたままトランポリンを跳びました。
　このゆーちゃんが，"1人でトランポリンを跳ぶ"→"係わり手がおんぶをして跳ぶ"というパターンは，私とはじめてトランポリンをしたときにみられた行動でした。別の日，あべ先生とのはじめてのトランポリンのやりとりにおいても，このパターンがみられました。
　このパターンは，ゆーちゃんの秩序の1つだと考えられます。私たちは，形の上

でも行動の上でも秩序をもっています。たとえば，呼吸にしても内臓器官の働きにしても，あらゆることに秩序があります。このやりとりに私は，トランポリンを跳んだ後の小休止や休んだ後の手遊びの提案などの"秩序替え"を試みたのです。新しい遊びを取り入れることによりトランポリン遊びが新たな秩序のもとでコントロールされる遊びになるとしたら，ゆーちゃんの空間での振る舞いに，さらには生活に新しい秩序が生じる可能性を示すことになるからです。

　つまり，今までのトランポリン遊びとは違った新しい遊びになるのです。

　ゆーちゃんの秩序を維持しながらもバリエーションをつけることで，秩序を作り替えることができ，そこに新しい秩序ができるのです。

第1章　エピソードから学ぶ障碍のある子どもの行動の意味の読みとり方

エピソード34　ぼく，まーちゃん

　まーちゃんが，私の方を笑顔で見上げ，「パトカーは？」と聞きました。私は，「いつも遊んでいる音のでるハンドルのおもちゃだな」と思い，「まーちゃん，一緒に探そうよ」と言いながら，おもちゃ置場まで2人で手をつなぎ，小走りに行きました。まーちゃんは，すぐにおもちゃを探し出し，カーペットに座りました。そして，つないでいる手を引っぱり左横に座るように私をガイドしました。

　私が横に座ると，すぐにボタンスイッチを押し，音を鳴らしはじめました。はじめは，指に触れたボタンスイッチを適当に押していたようにみえましたが，次第に顔をスイッチに近づけ，聞きたい音を出していました。その音に合わせて私は，「パトカーだね」，「救急車だね」，「消防車だね」と応えました。まーちゃんは，自分でボタンスイッチを選んで押し，私はそれに対して，パトカーのサイレンだと「パトカーだね」，救急車のサイレンだと「救急車だね」などと言うようにしました。

　今度は，その言葉の後に私が，「ピーポーピーポー」，「ウーウー」などと言うと，まーちゃんにはとても楽しかったようで，1回1回，口を大きくあけ「ガッハッハ

ァ。ガッハッハァ」と，とても楽しそうに笑いました。まーちゃんが，ボタンスイッチを押し，私が，「ピーポーピーポー」，「ウーウー」などと応えるのを期待するかのように，ボタンスイッチを押すとすぐに私の方を向き，口を大きくあけ「さあ，早くいってよ」と期待をこめて待っているようにさえみえました。

そのうちに，目と目が合っただけでおかしくなり，どちらからともなく目で誘い合うような感じのする楽しい活動になっていきました。

この遊びの中に，"間"あるいは"タイミング"とでもいうべきものを，まーちゃんは，体全体で感じ取っているようでした。

このやりとりでは，まーちゃんの関心の対象は私です。私はまーちゃんと顔を合わせ，目と目をみつめあい，まーちゃんのやることに調子を合わせ，共鳴的に応えたわけです。私とまーちゃんとの交流の間には，別なものは一切介入していません。"私―まーちゃん"間は，別のものが入る余地がないほど密接で融けあっているといってもよいのではないでしょうか。

第1章　エピソードから学ぶ障碍のある子どもの行動の意味の読みとり方

エピソード35　あやちゃんのふ・し・ぎ

　あやちゃんは，何度も同じことを聞いてきます。
　私との係わり合いの中で，「ひげの先生，そのズボンどこで買ったの？」。私が「○○で買ったんだよ」と応えると，何も言いません。しかし，1分後にまた，「ひげの先生，そのズボンどこで買ったの？」。私が「○○で買ったんだよ」と応えます。
　また，別の日，「ひげの先生，ゆめ（私の娘）はどこに行ったの？」。私が「ゆめは，学校に行ったよ」と応えると何も言いません。しかし，1分後にまた，「ひげの先生，ゆめ（私の娘）はどこに行ったの？」。私が「ゆめは，学校に行ったよ」と応えます。
　このように，さまざまなことを何度も聞いてくるのです。
　あやちゃんに限らず，障碍のある子どもの中には，何度も同じことを聞いてくる子どもがいます。
　このことを考えてみました。
　このような場合，

- 子どもの気質が小心なために，何度も確認をしたい場合
- 聴覚から入る情報が理解しにくい場合
- 場面・背景理解が難しく，一つ一つの言葉を記憶していかなければいけない場合
- 概念化が難しい場合

　など，さまざまな理由が考えられます。

　たとえば，自閉症の子どもの中には，聞いたことをすぐに忘れてしまうから，何度も同じことを聞く子どもがいます。
　物事が分かっていないわけではないのです。記憶の仕方が私たちとは違うと言わ

エピソード35 あやちゃんのふ・し・ぎ

れているからなのです。

しかし、あやちゃんの場合は、このケースとも違うように思うのです。あやちゃんの場合、"言葉遊び"をしているように思うのです。

エピソードのようなやりとりは、言わされて話す言葉と違って、音とリズムの遊びとしてとらえているのではないかということです。

だから、何度も答えを聞きたいから同じ質問を繰り返すと考えられます。

あやちゃんからしてみれば、"答えを知りたい"のではなく、その"答えを聞きたい"のではないでしょうか。

聞いたときに、頭の中にその答えがイメージとして、浮かびますが、すぐに消え、また聞くという繰り返しであると考えることができます。

つまり、意味としてのやりとりではなく、繰り返しの音やリズムが、あやちゃんにとっては、とても楽しいのだと考えられます。

係わり手は、同じ質問をされることで、イライラして「何度説明したらわかるの」と叱るのではなく、「なんでそうなるのかな」という、子どもの内面に隠れている気持ちや意味を思いやる姿勢をもち、言葉遊びに付き合うゆとりをもつことが大切なことではないでしょうか。

第2章
障碍のある子どもと仲良くなるために

1 障碍とは

　私たち専門家でも"障碍とは何か"と改めて問われると，戸惑うものです。
　たとえば，小学校の先生が，知的に障碍のある子どもに，足し算を教えるとします。
　しかし，その子どもは足し算ができません。
　このとき，足し算ができないのはその知的に障碍のある子どもの障害に原因があるのではなく，その子どもに見合った方法をみつけられないでいる先生自身にも原因があると考えることができます。
　つまり，この二者間での障碍状況を克服するには，先生が子どもに見合った方法を見つけることができれば，障碍はなくなると考えることができます。
　また，耳が聞こえない子どもがいるとします。
　この場合，耳が聞こえないのが障碍ではなくて，その人に話をしようとしたとき，うまくできないでいること自体が障碍と考えられます。
　つまり，耳の聞こえない人が障碍を抱えているだけではなくて，話をしようとする人も，その人にあった話し方ができないということが障害ということです。
　これら例にあげた事例の長期化したものを障碍だと考えると，障碍は環境との係わりの中で大きくも小さくもなることが理解できます。
　つまり，係わり手，障碍のある子ども，相互がそれぞれの生命活動の調整をあらためるのに相互が輔け合うことが大事なことなのです。
　係わり手は，障碍のある子どもの障碍状況から立ち直るような新しい対処のしかたを発見し，実行し，実績をあげることにより，自らも自らの障碍状況を脱することになるのです。
　障碍とは，「係わり手－障碍のある子ども」の関係の中で，「相互に輔け合う」ことで，2人の関係性がよくも悪くもなることと考えることができるのではないでしょうか？

1　法律で定める障碍者

　わが国の障碍者福祉の基本を定めた「障碍者基本法」のなかで，「障碍者とは身

体障碍，知的障碍または精神障碍（以下「障碍」と総称する）があるため長期にわたり日常生活または社会生活に相当な制限を受ける者をいう（第2条）」と定めています。

そして，身体障碍については，「身体障碍者福祉法」で「別表に掲げる身体上の障碍がある18歳以上の者であって，都道府県知事から身体障碍者手帳の交付を受けた者をいう（第4条）」とし，別表で障碍の種類と程度を細かく規定しています。障碍の種類は視覚障碍，聴覚障碍は平衡機能の障碍，肢体不自由，音声機能，言語機能またはそしゃく機能の障碍，心臓・腎臓・呼吸器機能の障碍であり，種類ごとに1級から7級まで障碍の程度を決めています。この法では付則として，てんかんや自閉症，難病による身体または精神上の障碍も含まれるものとしています。

一方知的障碍については，「知的障碍者福祉法」がありますが，その中に知的障碍者の定義はありません。

また精神障碍については，「精神保健福祉法」があり，「精神障碍者とは統合失調症，精神作用物質による急性中毒またはその依存症，知的障碍，精神病質その他の精神疾患を有する者（第5条）」としています。

これまで，法の狭間にあり，福祉の恩恵を受けにくかった学習障碍や注意欠陥多動性障碍などの発達障碍者を対象として，2005年に「発達障碍者支援法」が施行されました。

このようにわが国の障碍者の福祉に関する法律は，定義というより対象となる障碍の種類を列挙しており，生活上の支障があってもこの範囲にないと障碍者と認められなかったり，判定の基準が機能障碍中心であるといった問題があります。

その点で「アメリカ障碍者法（ADA法；Americans with Disabilities Act of 1990)」の「障碍」の定義は「(A) 個人の主たる生活活動の1つ以上を著しく制限する身体的，精神的障碍 (B) かかる障碍の経歴 (C) かかる障碍を持つとみなされること」と障碍の列挙ではなく，生活に焦点を当てて作られています。

2　WHO 国際障碍分類

　世界保健機構（WHO）の1980年の総会で，"障碍"の言葉の意味がはじめて明確化されました。
　そこでは障碍を，
●第1段階（impairment；機能としての障碍）
●第2段階（disability；能力としての障碍）
●第3段階（handicap；社会的不利としての障碍）
と3つのレベルに区分してとらえることを提唱しました（図1）。

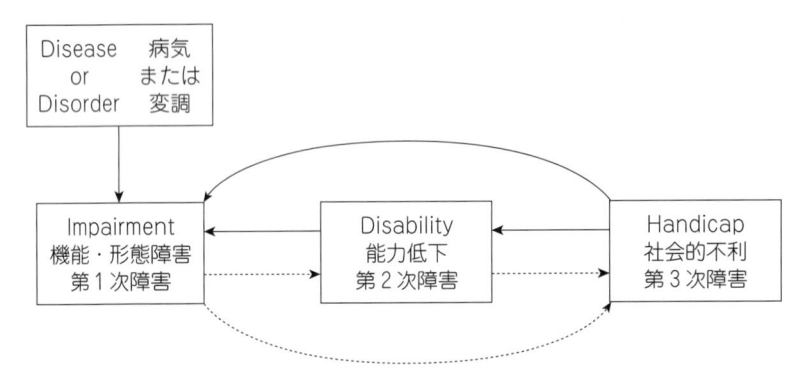

図1　ICIDHの障害構造図

　第1段階の"impairment；機能としての障碍"とは，心身の機能や形態の異常，欠損を表し，医学的・生物学的レベルの障碍です。
　第2段階の"disability；能力としての障碍"とは，機能障害が原因で能力，動作レベルの障碍を表し，日常的な行動や動作が制限され十分な行動が取れないことです。
　第3段階の"handicap；社会的不利としての障碍"とは，機能障害やそれによる能力低下により社会的役割や権利の遂行が制限され，不利益な状態になっている社会的レベルの障碍です。
　この3つのレベルの障碍は，たとえば交通事故で脊椎損傷となり（機能としての障碍），そのために歩くことや食事をすることができなくなり（能力としての障碍），その結果としてみんなと同じ生活ができなくなる（社会的不利としての障碍）というように密接に関係しています。
　しかし，機能訓練や残された能力の開発，環境改善により"能力としての障碍"や"社会的不利としての障碍"の程度は変わります。3つの障碍の関係を把握し

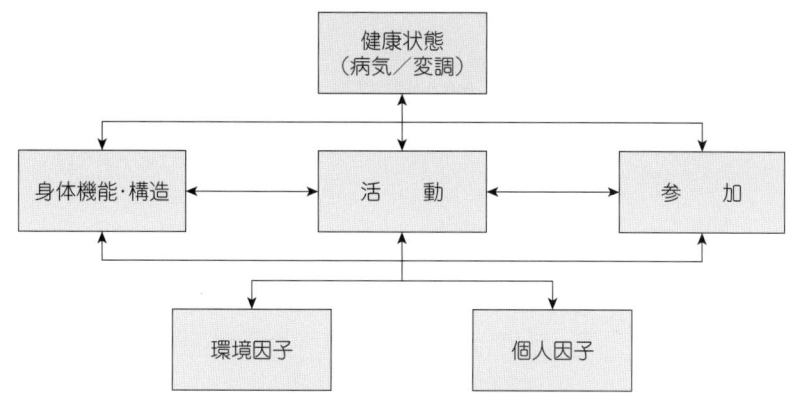

図2　ICFの障害の概念図

"障碍"を全体としてとらえなければなりません。こうみてみると医学的にみた"障碍"は"障碍"のほんの一部分であることや段階によって問題や対応が異なることが分かってきます。

しかし，この分類が"impairment（機能としての障碍）→ disability（能力としての障碍）→ handicap（社会的不利としての障碍）"という，一方向的な単線モデルであるという反省のもと，お互いの違い（身体機能構造）を認識したうえで，いかにして協同の活動（活動：個人による課題又は行為の遂行，参加：社会生活状況への個人の関与）を組めるようになるかが，相互障碍の克服につながるという考えから，2001年に新たなモデル（概念図）が，ICF（International Classification of Functioning, Disability and Health 国際生活機能分類）として提案されました（図2）。

この概念図を説明すると，たとえば，障碍のある子どもが日常生活における活動の制限を受けたとします。それを何らかの形で克服しながら生活していくと，社会関係の拡がりが起こってきます。社会関係の拡がりが起きてくると，ボランティア活動や社会制度の改革が行われます。そして同時に，その子どもが発達・成長していくと，その時々の機能や構造上の変調・制限が起きてきます。そして，その構造上の制限を克服していくと，社会参加が可能になってきます。

2　知的障碍とは

1　定　義

わが国において知的障碍の明確な定義といえるものはありません。

これまで，1953年の「教育上特別な取り扱いを要する児童生徒の判別基準」や1966年の「心身障碍児の判別と就学指導」，そして，1999年の「精神薄弱の用語の整理のための関係法律の一部を改正する法律」が制定されたことにより，「精神薄弱（Mental Dificiency）」に代わって「知的障碍（Intellectual Disability）」が用いられるようになりました。

しかし，この改正が行われたのにもかかわらず，知的障碍の定義は「知的障碍者福祉法」にも明記されていないのです。

このような中で，アメリカ精神遅滞協会が示した定義や世界保健機構の国際疾病分類，アメリカ精神医学会の精神疾患の分類と診断の手引きなどが代表的な定義であると言えます。

これらの定義では共通して，
① 一般的な知的機能が明らかに平均より低い
② 適応行動における障碍を伴う状態
③ 発達期に現れること
の3点が要因として定義づけられています。

つまり，①と②の条件を満たした18歳未満の児童が知的障碍児であるといえます。

2　知的障碍の分類

ここでは世界保健機構の国際疾病分類（ICD-10）の定義を紹介します。

① 軽度知的障碍
およそIQ50〜69の範囲，成人では精神年齢9歳から12歳。
身辺処理（摂食，洗面，着衣，排泄の処理）と実際的な家庭内の技能は完全に自立

してできる。主な困難は通常学業にみられ，とりわけ読み書きに問題がある。しかし，学業よりも実地の能力が要求される仕事をする潜在的能力はもっている。ただし，情緒的および社会的な未熟性が著しい場合は，結婚や育児に対処する能力，文化的伝統や慣習に従うのが困難である。多くの成人は働き，よい社会関係を維持し，社会に十分貢献することができる。

② 中度知的障碍

およそIQ35～45の範囲，成人では精神年齢6歳から9歳。

言語の理解と使用の領域の発達が遅く，最終的な達成に限界がある。大人になってからは，熟練した監督の下に置かれれば，単純な実際的な仕事をすることができる。社会的発達がみられ，人とつき合い，伝達ができ，単純な社会的活動に従事する能力をもっている。言語に依存する課題よりも視空間技能に依存する課題で高い水準を示すなど諸能力間に偏りにくい違いのあるプロフィールの者が認められる。また，多くの者に器質的病因および合併症がある。成人は，地域社会で生活し働くために，さまざまな程度の支援を必要とする。

③ 重度知的障碍

およそIQ20～34の範囲，成人では精神年齢3歳から6歳。

器質的病原の存在や合併症という点で，中度知的障碍に比べて顕著である。ほとんどの人に運動障碍やそのほかの合併する欠陥があり，臨床的にも顕著な中枢神経性の障碍を示唆している。持続的な支援が必要である。

④ 最重度知的障碍

IQ20未満，成人では精神年齢3歳未満。

要求あるいは指示を理解したり，それに応じたりする能力がきわめて制限されている。ほとんどの者は動けないかあるいは動くことに著しい制限があり，セルフケア，排泄，コミュニケーションに深刻な制約が生じる。

このような知的水準の違いによる知的障碍の症状の違いは，平均的なとらえ方

です。知的に障碍のある子どもの心理と行動は，知的水準だけでなく，環境要因と相互作用により一人一人かなり異なった現れ方をします。また，知的に障碍のある子どもの知的発達の遅れは，障碍の程度や部位，障碍を受けた時期などによってさまざまです。

3 知的機能の遅れを生む要因

　知的障碍の原因は単一のものではなく，さまざまな要因を背景として，知的障碍という状態を生んでいます。
　世界保健機関（WHO）では，知的障碍の原因を，
- 感染症及び中毒症に起因するもの
- 外傷または物理的要因によるもの
- 代謝，成長または栄養の障碍を伴うもの
- 出生後に起こる粗大脳疾患に伴うもの
- 出生前環境に基づく疾患および状態を伴うもの
- 染色体異常に伴うもの
- 未熟産などの周産期疾患によるもの
- 精神医学的障碍に起因するもの
- 心理的，社会的（環境的）喪失に伴うもの

の9つに分類しています。
　また，明らかな原因が特定されず原因不明である場合もあります。
　ここでは，それらの要因を内因性と外因性から解説します。

1 内因性要因

　内因性とは，遺伝性の原因によるものです。内因性の遺伝子異常と染色体異常と

して，

- 常染色体優性遺伝…結節硬化症，神経線維腫病，クルーゾン病，アペルト病など
- 常染色体劣性遺伝…先天性魚鱗癬，真性小頭症，コルネア・ド・ランゲ症候群，ローレンス・ムーン・ビードル症候群，子ケイン症候群，ピエール・ロバン症候群，先天性代謝異常など
- 性染色体異常…ターナー症候群，超女性症候群など
- 常染色体異常…ダウン症候群，Dトリソミー症候群，Eトリソミー症候群，猫泣き症候群など

があげられます。

　遺伝子の異常は，常染色体性優性遺伝，常染色体性劣性遺伝，X連鎖性遺伝があり，形態形成異常または代謝異常を引き起こし，脳障碍を生じさせるものです。

　また，染色体異常は，通常人間の染色体は22対の常染色体と1対の性染色体の計46本あり，妊娠時にそれぞれ23本ずつが対になります。しかし時に，その染色体の数や構造に異常が生じることがあります。それが染色体異常です。

　それらの代表的なものとしてダウン症候群や猫なき症候群，18トリソミー症候群，ターナー症候群などがあげられます。それぞれ特有の身体的特徴や奇形，発育上の問題，知的障碍などが生じる場合がある。

　環境要因として，母体の胎内での感染，薬物，母体の代謝異常などがあります。

2　外因性要因

　外因性要因とは，環境性または，獲得性の原因によるものです。外因性の要因としては，

- 感染症や炎症…風疹ウィルス，トキソプラズマ，梅毒，化膿菌など
- 薬物や毒物による中毒…有機水銀，一酸化炭素，鉛など
- 栄養障害や代謝異常…母親の代謝異常，後期妊娠中毒，血液不適合による新生児重症黄疸など
- 物理的損傷…放射線，低酸素症，外傷など

があげられます。

胎内感染は，妊娠中に母体がウィルス等に感染することで胎児に影響を及ぼすものです。これには寄生虫が感染することで流産や呼吸障碍，けいれんなどが生じる先天性トキソプラズマ感染症，妊娠初期に母体が風疹に罹患することで白内障や心疾患，発達障碍などが生じる先天性風疹症候群，精神運動発達の遅れや痙性麻痺，てんかんなどが生じる先天性サイトロメガロウィルス感染症などがあります。

これらの他に代謝異常によるものもあります。
代謝異常は大きく分類して，
- フエニルケトン尿症などのアミノ酸代謝異常
- ガラクトース血症やムコ多糖代謝異常症などの糖質代謝異常
- 副腎白質変性症などの脂質代謝異常
- レッシュナイハン症候群などの核酸代謝異常
- 先天性甲状腺機能低下症（クレチン症）などのホルモン代謝異常

があげられます。

これらの疾患の多くは，身体に必要なさまざまな栄養素や身体を構成するさまざまな成分の分解や合成をするうえで必要な酵素が異常であることによって生じます。代謝が異常であることにより，それらの成分が分解されず不要な物質が体内に蓄積したり，逆に不足することで機能障碍を起こすことによって障碍をもつこともあるのです。その障碍は，知的障碍やさまざまな神経症状，内臓機能の異常など多岐にわたり，発症時期も乳児期から成人期まで非常に幅広くみられます。しかし，これらの障碍の多くは，早期に発見し体内への蓄積や不足を防ぐことにより，ある程度の予防，治療が可能となっていきます。

4　知的に障碍のある子どもの一般的な特徴

1　言葉の問題

　知的に障碍のある子どもの言葉の問題は，お父さんやお母さんが子どもの成長や発達に対して疑問をもつきっかけとなります。具体的には，"言葉の遅れ"や"泣くなどしてお父さんやお母さんを呼ぶ"などのコミュニケーション，それらの前提と考えられる"視線"や"しぐさ"などに違和感を覚え，子どもの発達に不安を感じることが最も多いのです。

　一般的な言語発達は，生後2ヶ月ごろから「アー」などの哺語やバブリングがみられるようになります。その後，生後3ヶ月ごろになると，哺語は増加，安定し，お父さんやお母さんなどへの注目とともに相手からの応答を期待しているかのような発声がみられるようになります。

　これらの音声は，言葉の意味としては明確なものではありません。しかし，他者に対する音声反応としては明確にコミュニケーションの機能をもち始めていると言えます。

　哺語はその後,「ママママ」,「ババババ」などの反復的な音声が生じるようになります。そして，3ヶ月微笑とともに，お母さんやお父さんから肯定的に係わり合いをもたれることで，情緒的な結びつきを強めていくことになります。

　その後，9ヶ月以降には興味のあるものを指差すなどの共同注意や，他者の表情などから自らの行動を調整する社会的参照などがみられるようになります。

　これらの社会的関係の構築は，言葉やコミュニケーションの発達に大きな影響を与えるものです。

　知的障碍が疑われる場合，特に重度の場合はこれらの反応が生じなかったり，安定しない場合が多くみられます。また，中・軽度の場合でも，この状態が長期にわたることが考えられます。

　その後，1歳前後になると初語がみられ，1歳半くらいまで徐々に語彙数が増えていきます。そして，語彙数が増えることで,「パパ，カイシャ」などの二語文がみられるようになり，急激に語彙数が増加していきます。

しかし，一般的に知的に障碍のある子どもは，語彙の増加に時間がかかったり，単語レベルから二語文への移行に困難を示す場合が考えられます。

その後，三語文，四語文と文章が複雑になり，情報量が増加していきます。しかし，知的に障碍のある子どもの場合，認知の問題から言葉の学習と組み立てにいくつかの困難が生じやすく，運動の問題がある場合には，さらに構音の問題が生じることもあります。

以下で，知的に障碍のある子どもに現れやすい言葉の問題を示しておきます。
- 言葉の遅れ
- 語彙が増えない
- 指示代名詞が多い
- 助詞の使用に困難を示す
- 一文が短い
- 受動態や条件節，時制の使用など文法の学習に困難を示す
- 会話がかみ合わない
- 発音が不明瞭

言葉の問題の1つと考えられるコミュニケーションにおいて，近年，トータル・コミュニケーションの考え方から，その子どもにとって，必要で使えるコミュニケーションを考える必要性が指摘されています。

トータル・コミュニケーションとは，コミュニケーションを発展させるために，その人のもつ全ての感覚経路を使い，アレンジして，可能となるコミュニケーション方法は全て等しい価値をもっているととらえ，その人が利用できるベストのコミュニケーション・スタイルを組み合わせて，コミュニケーションをするということです。

つまり"話し言葉"は価値があって，"身振りや手振り"は価値がないということではなく，"身振りや手振り"だろうが，"話し言葉"だろうがコミュニケーションの方法としてはお互いに等しい価値をもっているという考え方です。

私たちは，特定のコミュニケーションの方法を強制されるのではなく，その人が活用できる全ての感覚系と運動系を使って，コミュニケーション・チャネルを組み合わせて，ベストのコミュニケーションをする権利をもっています。

私という人間を考えた場合，私が今使っているコミュニケーションの方法を全体としてとらえたとき，"点字は少し分かる"，"手話はできない"，"英語は少しできる"，"喜怒哀楽が表情に出やすい"なども，私のコミュニケーション・システムの

現われなのです。

　つまり障碍のある子どもも同じで，"音声言語がない"，"笑顔が少ない"，"文字が書けない"などもその子どものもっているコミュニケーション・システムとしてとらえることができます。

2　運動機能の問題

　まず，一般的な運動機能の発達を述べていきます。
　平均的には，生後3ヶ月ごろに首が据わり，5～6ヶ月ごろになると座位が可能となります。座位がとれるようになると，自分の周囲にある興味あるものへと手を伸ばすことができるようになります。さらに8ヶ月を過ぎると，たとえば，お母さんがドアの向こう側へ行って見えなくなっても存在していることがわかり，対象の永続性が成立します。また，お父さんやお母さんのまね（模倣）をするようにもなります。そして，他者とのやりとりの拡大ややりとりをもとに遊びや運動経験が増加していきます。それによって運動機能の発達が促進されます。また，1歳を過ぎて歩き始めると，さらに活動範囲が広がり発達が促進されます。
　一方，知的に障碍のある子どもは多くの場合，運動機能の発達に遅れがみられることがあります。
　知的障碍があると，首の座りや寝返り，座位，はいはいなどの粗大運動や物をつかむ，つまむなどの微細運動についても遅れがみられます。
　さらに，知的な遅れから周囲への興味が希薄である場合は，動くことに対する動機づけが生じにくく，それがさらに運動機能の発達の遅れや知的発達の遅れを助長する結果となります。

つまり，さまざまな刺激に対して反応し，経験する機会が減少することになり，それが学習機会の減少を生み，知的発達の遅れを助長する可能性があるということです。

以下に，知的に障碍のある子どもに現れやすい運動機能の問題を述べることとします。
- 低緊張である
- 動作がぎこちない
- バランスが取れない
- 目と手の協応動作が苦手である
- 指先が不器用である

運動機能の問題の原因や現れ方は，子ども一人一人さまざまですので，以上のような運動機能の問題がある場合は，その背景や個々の状況に応じた対応が必要となります。

運動機能に対してアプローチする場合，子どもの興味・関心を引き起こし，自ら自然に体を動かそうとすることが重要な視点となります。そして，子どもが動機づけられるような刺激や課題の工夫が必要となります。そこでの活動は必要以上に難しいものではなく，子どもの運動機能レベルに合わせたものであり，"行ってみたら楽しかった"，"少しがんばったらできた"というような成功体験につながるものでなければなりません。

3 認知の問題

1歳前後になり，周囲への興味が拡がってくると，たとえば，「ブーン」と言い

ながら積み木を車に見立てて走らせるなどの"みたて遊び"や"ごっこ遊び"などがみられるようになります。このように，目の前に示されているものだけでなく具体的経験をもとにイメージをして，再現するという象徴的な活動も生じるようになります。この象徴機能の発達がみられると，物事の関係性の理解が促進され，言葉の学習などが急速に進んでいきます。

その後，学齢期になると，物事の外見的な特徴に左右されず，自分で判断することができるようになります。いわゆる論理的な思考ができるようになるのです。そして，象徴機能の発達によって，文字の学習や数字の操作などができるようになっていきます。物事を見かけ上の特徴によらず，本質によって判断するようになり，他者の視点を意識できるようにもなります。また，遊びもルールのある遊びなどが可能になってきます。

知的障碍があると，一般的に象徴機能の発達に遅れがみられると言われています。このような場合，言葉の発達が遅れ，遊びの幅も拡がらず，反復的で感覚運動的な遊びに終始することが多くなります。このような遊びは独り遊びか他者を介していても単純なやりとりにとどまることが多くみられますので，言葉や社会性の発達が遅れるなどの影響を与えることになります。

また，知的に障碍のある子どもは抽象概念の理解や獲得が困難であることも言われています。

以下に，知的に障碍のある子どもに現われやすい認知の問題を述べることとします。

- 物事の理解に時間がかかる
- 知識やスキルの習得に時間がかかる
- 物の性質を理解することが難しい
- 時間や数量などの抽象概念の理解が難しい
- たとえ話の理解が難しい
- 初めてのことや予想外のことが苦手である
- 自己判断が苦手で依存的である
- 他人の気持ちを考えて行動することが難しい

以上のような問題に対して，オブジェクトキューの使用や言葉の言いかえなどの工夫，絵や写真カードの使用など，シンプルかつ具体的な提示を行うことで理解をうながすなどの工夫が必要となります。

4　記憶の問題

　記憶は，一般的に知的機能の中でも非常に重要な位置を占めると言われています。それは，情報を覚え，保持し，必要なときにそれらの情報を再生することができることで，社会生活に必要な知識や技能を学習することが可能であると考えられているからです。

　記憶には，容量に制限があり，情報を一時的に短時間保持する短期記憶と，長期にわたって情報を保持し続ける長期記憶があります。

　知的に障碍のある子どもは，一般的に短期記憶に困難があると言われています。特に，記憶することが求められる刺激が文字や数字などの抽象的な情報の場合は，より一層困難を示します。しかし，絵や写真，具体物などについては，情報の記憶と比較して大きな落ち込みはないことが指摘されています。

　一方，長期記憶については，顕著な差がないことが明らかになっています。

　また，記憶をより定着させるために意図的に行う活動として，意味づけや類似概念との関連づけなどの記憶法略がありますが，知的に障碍のある子どもはこのような方法を用いていないことが多くみられるとも言われています。その結果，一度に記憶する情報量が少ない，記憶を保持できる時間が短いなどの特徴が生じることに

なるのです。

　以上のような問題に対して，絵や写真，具体物などの具体性のある刺激を提示する，その子どもに分かりやすい言葉で指示を具体的にすること，すでに身につけている知識やスキルなどと関連づけをしやすいような提示方法や教材の工夫，強制的にならないように注意しながら意図的反復をさせることで長期記憶への移行を図ることなどが重要なことです。

5 発達障碍とは

　これまで発達障碍とは，"脳性まひと知的障碍"をさす用語として用いられていました。しかし，2005年の発達障碍者支援法の施行以来，学習障碍や注意欠陥多動性障碍，広汎性発達障碍などをさす用語として整理されました。
　つまり，"見ただけでは障碍があるかどうか分かりにくい"発達上の課題をもつ状態をさすようになったのです。
　以下にそれらの定義を示し，概要を述べることとします。

1　定　義

　発達障碍については，発達障碍者支援法第2条において以下のように定義されています。

> 第二条　この法律において「発達障碍」とは，自閉症，アスペルガー症候群その他の広汎性発達障碍，学習障碍，注意欠陥多動性障碍その他これに類する脳機能の障碍であってその症状が通常低年齢において発現するものとして政令で定めるものをいう。
> 2　この法律において「発達障碍者」とは，発達障碍を有するために日常生活又は社会生活に制限を受ける者をいい，「発達障碍児」とは，発達障碍者のうち十八歳未満のものをいう。

つまり，学習障碍，注意欠陥多動性障碍，広汎性発達障碍のいずれかの状態にあるものを発達障碍というのです。

2　学習障碍（LD）とは

　学習障碍は，基本的には知的な遅れがないにもかかわらず，学習面で特定部分の偏りや極端な得手不得手があるのが特徴です。また，外見から明確な遅れがあるかどうか分かりにくいことから，"怠けている"，"やる気がない"，"努力が足りない"などと，その状態が本人の性格や人間性に起因するかのような不当な評価を受けることがあります。

　しかし，学習障碍は脳機能の障碍から，このような状態にあるのです。決して，本人の性格や人間性に起因する障碍ではないのです。

　アメリカ精神医学会の精神障碍の診断統計マニュアルでは，読字障害，算数障害，書字表出障害が存在すると定義されています。

　以下で，説明します。

① 読字障害
A．読みの正確さと理解力についての個別施行による標準化検査で測定された読みの到達度が，その人の生活年齢，測定された知能，年齢相応の教育の程度に応じて期待されるものより十分に低い。
B．基準Aの障害が読字能力を必要とする学業成績や日常の活動を著明に妨害している。
C．感覚器の欠陥が存在する場合，読みの困難は通常それに伴うものより過剰である。

② 算数障害
A．個別施行による標準化検査で測定された算数の能力が，その人の生活年齢，測定された知能，年齢相応の教育の程度に応じて期待されるものより十分に低い。
B．基準Aの障害が算数能力を必要とする学業成績や日常の活動を著明に妨害している。
C．感覚器の欠陥が存在する場合，算数能力の困難は通常それに伴うものより過剰である。

③ 書字表出障害
A．個別施行による標準化検査（あるいは書字能力の機能的評価）で測定された書字能力が，その人の生活年齢，測定された知能，年齢相応の教育の程度に応じて期待されるものより十分に低い。
B．基準Aの障害が文章を書くことを必要とする学業成績や日常の活動（例：文法的に正しい文や構成された短い記事を書くこと）を著明に妨害している。
C．感覚器の欠陥が存在する場合，書字能力の困難は通常それに伴うものより過剰である。

以上が，学習障碍の医学的な定義となっています。
また，教育的な定義として，

> 　学習障害とは，基本的には全般的な知的発達に遅れはないが，聞く，話す，読む，書く，計算する又は推論する能力のうち特定のものの習得と使用に著しい困難を示す様々な状態を指すものである。学習障害は，その原因として，中枢神経系に何らかの機能障害はあると推定されるが，視覚障害，聴覚障害，知的障害，情緒障害などの障害や，環境的な要因が直接の原因となるものではない。

と文部科学省では定義づけています。

第2章 障碍のある子どもと仲良くなるために

つまり、全般的な遅れがないにもかかわらず、読みや書き、算数などの領域において、特異な落ち込みや困難を伴う状態にある場合を学習障碍と言います。

また、これらの障碍があることによって、人の話を聞かない、約束を守らない、忘れ物が多いなどの社会性の困難や手先が不器用などの運動面での困難、失敗や叱責などが繰り返されることによる自尊感情の低下や友人関係構築の問題などの情緒面での困難が生じる場合があります。

3 注意欠陥多動性障碍（ADHD）とは

文部科学省では、

> 注意欠陥多動性障害とは、年齢あるいは発達に不釣合いな注意力、及び（または）衝動性、多動性を特徴とする行動の障害で、社会的な活動や学業の機能に支障をきたすものである。また、7歳以前に現れ、その状態が継続し、中枢神経系に何らかの要因による機能不全があると推定される。

という定義を示しています。

症状の現れ方として、不注意優勢型、多動性・衝動性優勢型、混合型と、3つのタイプ（図3）があります。

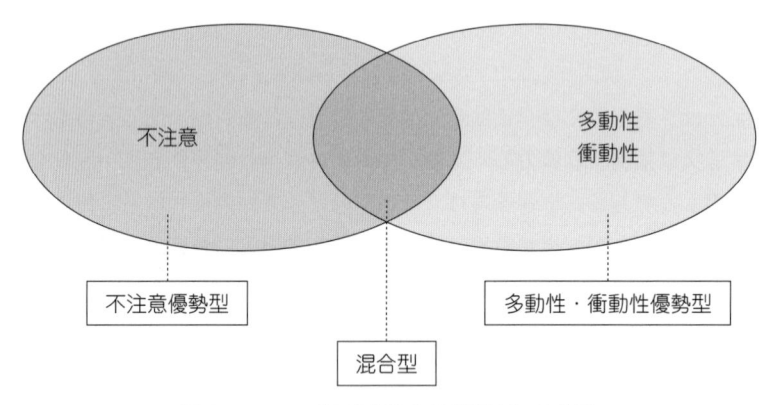

図3 ADHD（注意欠陥多動性障害）の分類

① 不注意優勢型の例
- 学校での勉強で、細かいところまで注意を払わなかったり、不注意な間違いをする。
- 課題や遊びの活動で注意を集中し続けることが難しい。
- 面と向かって話しかけられているのに、聞いていないようにみえる。
- 仕事を最後までやり遂げることが難しい。

●学習などの課題や活動に必要な物をなくしてしまう。
●気が散りやすい。
●日々の活動で忘れっぽい。

などがあげられます。

② 多動性・衝動性優勢型の例
●手足をそわそわ動かしたり，着席していてももじもじしたりする。
●授業中や座っているべき時に席を離れてしまう。
●きちんとしていなければならない時に，走り回ったりする。
●じっとしていられない。
●何かに駆り立てられるように活動する。
●過度にしゃべる。

などがあげられます。

③ 衝動性の例
●質問が終わらないうちに出し抜けに答えてしまう。
●順番を待つのが難しい。
●他の人がしていることをさえぎったり，じゃましたりする。

などがあげられます。

　注意欠陥多動性障碍の子どもたちの教室での状態像として，
●落ち着きがなく，授業中に席を立ったり離れたりする。
●順番を守らなかったり，他人の会話に余計な口をはさむ。
●周囲の迷惑を考えない。
●急に乱暴なことをする。
●授業や集会の時，状況にそぐわない突飛なことをする。
●ボーッとしていることが多い。
●仲間はずれになりがち。
●テストや他の学習課題に不注意な間違いが多い。
●伝言・宿題・教材などの忘れ物が多い。
●約束や予定も忘れることが多い。
●相手の話を聞いていない。

などがあげられます。

第2章　障碍のある子どもと仲良くなるために

しかも，子どもたちは，
- 自分は何をやっても続かないし，うまくできない。
- 自分はできが悪い。
- 自分は親にも先生にも叱られてばかりいる。
- みんなに嫌われている。
- みんな自分のことをバカにしている。
- みんな自分のことを分かってくれない。

など，周囲の見る目とのギャップに悩んでいるのです。

4　高機能自閉症とは

文部科学省は，

> 高機能自閉症とは，3歳位までに現れ，①他人との社会的関係の形成の困難さ，②言葉の発達の遅れ，③興味や関心が狭く特定のものにこだわることを特徴とする自閉症のうち，知的発達の遅れを伴わないものをいう。
> また，中枢神経系に何らかの要因による機能不全があると推定される。

と高機能自閉症を定義しています。

高機能自閉症の状態像として，次のような状態があげられます。

① 人への反応やかかわりの乏しさ，社会的関係形成の困難さ
- 目と目で見つめ合う，身振りなどの多彩な非言語的な行動が困難である。
- 同年齢の仲間関係をつくることが困難である。
- 楽しい気持ちを他人と共有することや気持ちでの交流が困難である。
- 友達関係がうまく築けない。

- 友達のそばにはいるが，1人で遊んでいる。
- ゲームをする時，仲間と協力して遊ぶことができない。
- その時の状況や相手の感情，立場を理解しないで話をする。
- 共感を得ることが難しい。
- 周りの人が困惑するようなことも，配慮しないで言ってしまう。

② 言葉の発達の遅れ
- 他人と会話を開始し継続することが難しい。
- 情動的で反復敵な言葉の使用または独特な言語がある。
- 年齢に相応した遊びや社会性のある物まね遊びができない。
- 含みのある言葉の本当の意味が分からず，表面的に言葉通りに受け止めてしまうことがある。
- 会話の仕方が形式的であり，抑揚なく話したり，間合いが取れなかったりすることがある。

③ 興味や関心が狭く特定のものにこだわること
- 強いこだわりがあり，限定された興味だけに熱中する。
- 特定の習慣や手順にかたくなにこだわる。
- 手や指をぱたぱたさせるなどの反復的な行動がみられる。
- みんなから，"○○博士"，"○○教授"と言われている。
- 他の子どもは興味がないようなことに興味があり，「自分だけの知識世界」をもっている。
- 空想の世界と現実の世界との切り替えが難しい場合がある。
- 特定の分野の知識を蓄えているが，丸暗記であり，意味をきちんとは理解していない。
- とても得意なことがある一方で，極端に苦手なものがある。
- ある行動や考えに強くこだわることによって，簡単な日常の活動ができなくなることがある。
- 自分なりの独特な日課や手順があり，変更や変化を嫌がる。

6 目の前にいる障碍のある子どもを どのようにとらえるのか

　ここまで，一般的な知的に障碍のある子どもの特徴を述べてきました。
　しかし，あくまで一般的な特徴であり，知的に障碍のある子ども一人一人の特徴や支援のあり方は異なってきます。
　その中で，知的に障碍のある子どもと仲良くなるためには，いくつかポイントがあります。

　そのポイントをあげると，
　●目の前にいる障碍のある子どもをどのようにとらえるか
　●どのように信頼関係を構築し（関係づくり），どのように係わっていくか
の2つの視点が，重要になります。

　以下で，この2点について詳しく述べていくこととします。

1　知的に障碍のある子どもの実態把握の考え方

　知的に障碍のある子どもと，先生や保育士などが教育的に係わっていく場合，先生などが，一方的に設定した課題の意味の無さは，保育・教育現場にいると，肌で感じることが多くあります。このことは，先生などが，"自分の枠組み"から設定した課題と，目の前にいる障碍のある子どもの"障碍（発達）の状態"との間に，

大きなギャップがあるということです。

そこで，知的に障碍のある子どもと教育的に係わっていく場合，その子どもの障碍（発達）の状態を把握（実態把握）するという作業は，欠かすことのできないものとなります。

従来，子どもの障碍（発達）の状態を把握する場合，発達検査や心理検査，知能検査など，各種の検査が用いられることが一般的でした。しかし，たとえば，知的に重い障碍のある子ども（重度・重複障碍児，以下同じ）に対して，これらの諸検査を実施しても，結果は"測定困難"となるか，子どもを検査項目に無理に当てはめて測定し，子どもの"障碍（発達）の状態"とかけ離れた検査結果が出ることとなり，教育的係わり合いの手がかりに結びつかないことがほとんどです。

私は，係わり手として，障碍のある子どもの障碍（発達）の状態を把握するためには，その子どもの"行動"を把握しなくてはならないと考えています。人間は生きている限り，必ず何らかの行動を起こしています。先生など係わり手は，その子どもの行動を観察し，一つ一つの行動をどのようにしてとらえ，理解するのかという作業を通して，その子どもの障碍（発達）の状態を把握することができるからです。したがって，行動観察はどのような障碍のある子どもにも適用できる障碍（発達）の状態の把握の方法と言えます。また，子どもが実際に行っている行動に基づいた方法であるため，その子どもとの教育的係わり合いの手がかりを的確に示唆する情報を，私たちに豊富に与えてくれる有効な方法とも言えます。

2 障碍（発達）の状態を把握する行動観察のいろいろ

　行動観察は，まず児童相談所や都道府県の教育センター等で行われる判定書作成や就学措置決定の資料とするための行動観察があります。また，大学等の心理学や行動科学の研究室で行われる，特定の条件整備のもとで，特定の行動をチェックするための観察など，さまざまあります。

　これらの行動観察は，それぞれの目的により，その観察の方法や視点，さらに観察する人や記録される内容は異なってきます。

　しかし，私がここでいう行動観察は，知的に障碍のある子どもを対象に，その子どもの障碍（発達）の状態を的確に把握し，教育的係わり合いの手がかりを得るために行うものです。したがって，行動観察を行う主体は，その子どもに係わろうとしている保育士や先生自身であることが前提となります。さらに知的に障碍のある子どもは，障碍を受けている部位や程度により，その状態像は多種多様であり，一人一人のかかえている問題や障碍（発達）の状態は，まったく異なっています。

　そこで，教育的係わり合いも，個別・事例的に考えていかなければなりません。したがって，行動観察も一人一人の子どもに対して，個別・事例的に行うことが必要であると言えます。

3 望ましい行動観察の在り方

　知的に障碍のある子どもの障碍（発達）の状態を，的確に把握するためには，その子どもが行っている行動の事実を1つでも多く見出すことが重要となります。したがって，行動観察は，その子どもの生活全般にわたって，日常的に行われること

が望ましいことです。

　食事や排せつ，課題学習，遊び等，いろいろな場面における行動を観察するということです。これらの場面を通して，子どもの行動を詳細に観察していくことで，どんな行動パターンを身につけているかなどを知ることができ，その子どもの障碍（発達）の状態を大まかに把握することができます。

　しかし，知的に障碍のある子どもは，一般的に自発的な行動が乏しかったり，行動そのものが単調であったり，常同的であることが多いため，日常的な平面的な行動観察だけでは，そこから得られる子どもが示す行動の事実としての情報は，量・質ともに限られており，障碍（発達）の状態を的確に把握するためには不十分であるのです。

　さらに，子どもをおもちゃや教材とともに，一室に入れて，子どもがどんな遊び方や係わり方をするかを，ワン・サイド・ミラー越しに観察するのではなく，いわゆる先生など係わり手とその子どもがどういう係わり合いをするのかの観察が重要となるのです。牧田も同様のことを述べています。その牧田は，「臨床観察はいわゆる関与しながらの観察であって，客観的な観察であってはならない。すなわち検者との関連しあいの間に観察されることが実りが多い」とも述べています。

　知的に障碍のある子どもの行動観察は，まさに牧田のいう臨床観察であると言えます。

　したがって，日常的な平面的な行動観察も必要ですが，それ以上に子どもとの係わり合いを通しての行動観察がより重要となります。まず，一つ一つの具体的な場面を設定し，いろいろな働きかけを子どもに行ってみるということです。そのとき，係わり手の場面設定や働きかけに対し，子どもがどの感覚をどのように使い，どのようにとらえたのか，さらに，どのような対応する行動を起こしたかを観察していくことが大切なことになります。そして，その中から1つでも多くの事実をつかみとることが重要になります。仮に，ある働きかけに対して何ら対応する行動を見出すことができなかった場合，"何ら対応する行動がみられない"ということを

第2章　障碍のある子どもと仲良くなるために

重要な事実として大切にします。そして，次に別の場面を設定し，別の働きかけを工夫して働きかけを行います。あるいは，1つでも2つでも明確な行動の事実を観察することができた場合には，その行動を組み入れた次の場面設定や働きかけを工夫し働きかけながら，行動観察を行っていきます。

　このような丁寧な作業を，繰り返し行っていくことを通して，その子どもの一つ一つの行動の事実を積み重ねていくことが，その子どもの障碍（発達）の状態を的確に把握し，教育的係わり合いの手がかりを得るために行う行動観察であると考えることができます。

　つまり，知的に障碍のある子どものみならず，障碍のある子どもの行動観察とは，たとえば，入学当初や年度当初とか，学期ごと等に行ったりするものではなく，その子どもに係わるその時々に行われるべきものであり，行動観察はまさに教育的係わり合いそのものであると言えます。

4　行動を観察するうえでの係わり手の基本的姿勢

　一般的に，子どもの行動は，その行動を生起させた要因を見出すことは，比較的容易なことです。たとえば，小学校の教室などで，突然大きな音がしたとき，子どもたちは驚いたり，振り向いたり，大きな音がした方に近づく等の対応する行動を起こします。これらの行動は，誰が見ても"大きな音"に対応した行動であると理解できるものです。

　それは，相互に人としての感覚を使った刺激の受容と，それに対応した人としての行動を共有しているからです。

　しかし，知的に障碍のある子どもの場合，人としての感覚が育っていなかったり，感覚の使い方が初期の状態にとどまっていることなどが多く，ある刺激に対して，必ずしも私たちが現在共有している人としての行動を起こすとは限らず，むしろ一見その刺激とは直接に結びつかない行動を起こすことも多くみられます。たとえば，突然大きな音がしたときに，こちらが予想している一般の子どもの示す対応する行動はみられず，その代わりに，"身体を前後に揺すり始める"という動きを示したとします。その場合，私たちは，刺激（大きな音）に対しての対応する行動として一般の子どもたちが示すような行動しか予想していないために，その子どもが示した"身体を前後に揺すり始める"という行動を見逃すこととなり，対応する行動がみられない子どもとしてとらえ，その理由を，子どものかかえている"障碍"そのものであるとか，"障碍の重さ"に押しつけてしまうことになるのです。

しかし，子どもの側に言わせてみれば，自分なりに"突然大きな音がした"ことに，対応した行動として"身体を前後に揺すり始める"を行ったにもかかわらず，係わり手の行動の中に，"大きな音"に対応した行動として"身体を前後に揺すり始める"という行動が組み入れられていないがゆえに，その人との交信関係が絶たれてしまったことになるのです。言い換えると，子どもにとって，係わり手の中に"身体を前後に揺すり始める"という行動が組み込まれていないことが，その人と関係をもつための"障碍"となったわけであり，"障碍"をもっているのは係わり手であるということになります。

このように考えていくと，知的に障碍のある子どもとの係わり合いを困難にしているのは，必ずしもその子どもたちの障碍の重さや多様性だけでなく，その子どもなりに対応する行動を起こしているのにもかかわらず，その子どもに係わろうとしている私たちに，それを見出す目が育っていないということも大きな原因となっており，相互の間に障碍状況が存在することになるのです。

したがって，知的に障碍のある子どもに教育的に係わるということは，この"相互障碍状況"を改善することであるといえます。さらに，そのために行われる行動観察とは，その子どもの"身体を前後に揺すり始める"等に相当する行動の事実を1つでも多く見出すことでもあります。このような立場に立って行動観察を行ってみると，今まで"意味のない行動"，"理解しがたい行動"と考えて，関心をもたなかった子どもの行動が貴重なものとなってきます。確かに，知的に障碍のある子どもは，その時点ではどのような意味をもつのか他者からみて理解できない行動を行っていることが多くみられます。しかし，それらの行動がいつその子どもなりの対応する行動として意味をもってくるかわからないことから考えて，一つ一つ大切にしていくことが重要であろうと思われます。

5　行動観察の方法

ここまで，行動観察を知的に障碍のある子どもの障碍（発達）の状態を把捉し，教育的係わり合いの手がかりを探る重要な方法であると述べてきました。そして，行動観察の仕方も，子どもの活動を離れたところから，または，ワン・サイド・ミラー越しに観察し，情報を収集することよりも，子どもと係わり合う中で，条件を設定したり，働きかけを行いつつ，子どもの起こす行動をとらえて，その行動の意味をどのように解釈するのかということの大切さを指摘してきました。

ここでは行動観察の方法を，従来の行動科学でとられている客観的行動観察法を

念頭におきつつも，それにとらわれないという視点から述べていくこととします。

① 行動観察はいつ，どのように行ったらよいか

　障碍のある子どもの教育評価または障碍（発達）の状態を把握することを目的として行われる行動観察には，教育相談等で来所当初に諸検査と同時に行われる行動観察と子どもの障碍の程度や内容をみきわめていくために半年ごとや3ヶ月ごとなど，一定期間ごとに経過観察として行われる行動観察があります。そして，子どもの障碍（発達）の状態を把握するためには，医学面や心理面，発達面など多面的にとらえ，総合的な判断がなされなければならないのです。

　しかし，私は，このことの重要性は認めつつも先生など行動観察する側が，直接子どもと係わり合いをもったり，働きかけを行わないで，子どもの行動を離れたところからみているだけの行動観察には限界があると考えています。障碍のある子どもの障碍（発達）の状態をとらえるということは，子どもが，活動や学習をしていくうえでの障碍となっている問題を明らかにしていく過程であるからです。したがって，子どもと係わりつつ，日々変容いく行動の内容をみきわめ，その事実を踏まえることによって，次の活動や学習の目標または手がかりを得るということです。すなわち，私は，教育的係わり合いのプロセスの中で，行動観察を行うことが大切であると考えています。行動観察は，いつ，どのようなときに行うとよいのかと一般化した考えで"ある時点"を定めるのではなく，むしろ，子どもと係わり合いをもつなかで，常に行われるべきものであるのです。手がかりがとらえがたいときや，ある指導を試みていて，その指導と子どもの示す行動との間にずれを感じたり，疑問に思ったときこそ，もう一度新たに子どもの行動を見直す行動観察が必要と言え

ます。

② どのような場面で子どもを観察したらよいのか

　障碍のある子どもの障碍（発達）の状態をとらえるための行動観察の方法は，大別して2つ考えられます。"子どもの自由な活動場面を観察する方法"と，"場面を設定して，子どもの行動を観察する方法"です。両者とも，子どもの行動をとらえるうえで大切な場面です。

　前者の場合の例として，排せつ場面での行動観察をとりあげてみます。子どもの排せつ行動を見て，排せつが全面支援であるとか，パンツをおろすことができないでいるとか，立ってオシッコをすることができないなどの実態をとらえるとともに，子どもの身体全体の動きや目の動き，手の動き，表情や発声の変化などを観察することによって，排せつ場面以外での子どもへの働きかけを示唆してくれる多くの情報を得ることができるのです。

　このように，自然場面の観察の場合も，排せつに関しての実態というように限定された行動の記述にとどめず，子どもの行動をもっと大きな視点で観察することが大切です。そうすることによって，一見，見逃しやすい子どものささいな行動も観察できるのです。しかしながら，自然場面の観察は，子どもの生きた姿を観察でき，視野を広くもつことによって得られる情報も豊富である反面，子どもの行動を起こした要因をとらえることが困難であったり，働きかけをしなければ動きが乏しかったり，自己刺激で終始してしまう子どもの場合など，自然場面の観察だけでは情報が限定されることが起こることも考えられます。

　そこで，条件を設定しての行動観察も必要になってくるのです。

　まず，自然な行動観察の中でみられた行動をより深くみきわめるためにも，ある条件を設定して行動観察を行うことが大切になってきます。それは，子どもの起こしている行動が子どもにとってどのような意味があるのかを問い直すプロセスであ

るからです。

　働きかけの中でみられる子どもの反応をみきわめることも，条件を設定した場面での行動観察です。たとえば，子どもが，はめ板学習で，子どもの型はめのはめ方やそのときの見比べようとする目の使い方，両手や体幹の動きなども注意深く観察していくことが，次の課題へのヒントを提供してくれる情報となります。

　このように，行動観察場面も，教育的係わり合いとのつながりで考えていくことが大切なことです。

③　行動観察を行う係わり手のかまえ

　私が以前，講演会で"行動観察"について，話をした後に，その講演会に参加されていたある先生から，「行動観察で得られたその子どもの情報に関しては，発達検査や心理検査等では得られないもっと細かいステップで指導課題がわかるチェックリストがあればいいのではないか」という質問を受けたことがありました。

　しかし，これまで何度となく，そのチェックリストは考案されてきました。しかし，これらのチェックリストのほとんどが，標準化を目的としているため，どうしても障碍のある子どもを，ある群にあてはめるなどという行動発達のステップを，一般化された方向で行動を抽出し，並べていかざるをえないという制約が生じてしまいます。また，標準化する限り，すべての子どもにあてはまるチェックリストを考案することは不可能で，どうしてもそこから落ちこぼれる子どもがでてきます。この種のチェックリストにあげられている行動を1つの手がかりとして行動観察を行うことも1つの方法と考えられますが，最終的には，子どもを見る係わり手の目が一番重要となると私は考えています。

　障碍のある子どもの1つの行動をみていて，それがどういう意味があるのか，それをどう考えたらよいのか分からないことがあります。このように，疑問に思うことがでてくることによって，その疑問を解決するための働きかけがなされ，そして以前は分からなかった問題が分かるようになったり，逆にそれまで問題がないと思っていたことが問題を含んでいたりすることが明らかになるのです。明らかになるプロセスの中から，以前はばらばらであった子どもの行動が相互に連関があることがわかり，子どもが本質的にもっている障碍となる問題がとらえられることになります。

④ どのように信頼関係を構築し，どのように係わっていくか

■愛着の形成

　子どもは，一般的にお父さんやお母さんとの安心感のある安定した人間関係の中で，能動性を十分に発揮すると言われています。子どもたちは，お父さんやお母さんに，気持ちよく抱かれたり，愛情のある優しい言葉がけや柔らかな接触などを受けながら，まずはお父さんやお母さんとの愛情の絆が結ばれます。これを"愛着（アタッチメント）"と言います。このことは，知的に障碍のある子どもも同じです。お父さんやお母さんが，子どもがやろうとする行動，やっている行動などの意図や意味が読みとれないとき，まずは"きっとこういう意味だろう"と解釈して，ある事柄を提案します。間違える可能性があるかもしれませんが，その場の全体状況や活動文脈を考えて，あえて解釈するのです。

　このように拡大解釈することをやめて，"解釈できないから何もしない"ことと，"たとえ間違ったとしても解釈して，子どもに何かを働きかける"こととは，どちらが現実的で生産的なことでしょうか。お父さんやお母さんが，"意味の分からないこと"や"解釈できないこと"に無視をしたり，距離を置いてしまうと，子どもは，"無視をされた"，"否定された"と思うことも考えられます。ですから拡大解釈をして，あなたの"言いたいこと"，"やりたいこと"は，"こういうことなのですね"と確認をすることが大切なことなのです。

　このように係わり合いをもつことで，その後の子どもの人格形成上重要であると言われている"愛着の形成"がはかられます。保育園や特別支援学校などでは，保育士が園生活における安全・安心拠点になるために，"愛着の形成"が求められます。

　この"愛着"によって，知的に障碍のある子どもは，情緒が安定し，能動性に支えられた外界に向けての探索的な行動が起こりやすくなります。

　この探索的な行動の中で，係わり手と子どもの"興味・関心の共有"が，重要なポイントとなってきます。

■興味・関心の共有

　知的に障碍のある子どもは，次第に身の回りのいろいろなものに興味を持ち始めます。

第2章　障碍のある子どもと仲良くなるために

ある特定のものに目をとめたり，物音に耳をすましたり，実際に手を伸ばしてものをつかんでみようとしたりし始めます。この時，係わり手は，黙って腕組みしながらことの成り行きを見守っていてはいけません。

　係わり手は，子どもが注意を向けているものに一緒に注意を向け，その物や出来事にまつわる言葉がけをし，興味・関心を共有するのです。そこでは単に言葉だけが介在するのではなく，その時の子どもの気持ちがどこに向かっているのかをよく考えて，身振りや具体物など，その子どもの分かりやすい方法で興味・関心を共有することが大切なことです。子どもがそこにある"何か"を他のものとは違うものとして認めるという"概念"の成立にかかわる認識をし始めた時，「これは○○だよ」という係わり手の言葉を聞いて，子どもはその言葉を差し示す事物とつなげて覚えていきます。このように子どもと係わり手が注意を共有することは，認識や言語の基礎をなすことでもあると言えます。

■相互的やりとり
　赤ちゃんの行動がたとえ反射であっても，お母さんはこの反射に対して応答をします。お母さんは赤ちゃんの表情や視線，身振り，音声などで，意味のある会話をしていると思い込んで言葉で応じます。つまり，このお母さんの思いこみに基づくやりとりが，その後の"お母さん―子ども"間のコミュニケーションの土台になるのです。そして，赤ちゃんはこのお母さんとのやりとりを通して，"自分は周囲に影響を与える存在である"ということに気づき，社会においても自分が"役割をもっている"ということの価値に気づくことができます。知的に障碍のある子どもの場合も同様のことが考えられます。

　私はこのやりとりを，"相手の思いを何とか実現する方向で交渉する，相手に働

きかける"という意味で定義しています。これはかけひき、つまり、"自分は譲らず、何とかやめさそうと、あの手この手で説得したり、おどしたり、すかしたりすること"とは、全く違った意味をもつものです。このやりとりにおいて、係わり手、知的に障碍のある子どもどちらがイニシアチブをもつかが重要なのです。係わり手がイニシアチブをもった場合、時として"かけひき"になりがちで、係わり手が、指導をするという印象が強くなってしまいます。子どもにイニシアチブを与える、つまり、子どもの主体性を生かすことから"やりとり"ははじまり、子どものイニシアチブのもとにダンスをするようなものであり、"係わり手―子ども"双方で作り上げるものなのです。そして、"係わり手―子ども"相互の発信・受信が双方向に展開される中で、新たな活動が形成され、共有されていくと考えられます。"お母さん―子ども"は双方向的に、また他者や物に、共に注意を向け合うことで、社会的やりとりへと拡がりコミュニケーションへと進展していくと考えられます。

■ 相互信頼関係

赤ちゃんとお母さんの関係を考えてみると、赤ちゃんは、言葉を使うようになるよりも以前から、お母さんとやりとりをしています。このやりとりでは、"お母さんが赤ちゃんを見つめる―赤ちゃんは見つめられる"、"赤ちゃんは自分の身体の動きをお母さんが話しかけるリズムに合わせようとする"など、赤ち

第2章　障碍のある子どもと仲良くなるために

ゃんはお母さんと何らかの関係づくりをしているととらえることができます。そして，このやりとりを土台として，そこに音声言語や身振りなどが重なっていくのです。つまり，やりとりはコミュニケーションの土台であるということが言えるのです。

　赤ちゃんは，数年にわたるこのような経験を通して，自分自身と生活世界に対する信頼感を獲得するようになります。すべての成長は，この信頼感の上に築かれていくといっても過言ではありません。障碍のある子どもも同じです。まず，係わり手との関係づくりにおいて，相互信頼関係が築かれることが必要であり，そのことに成功すると，さらに係わる人の範囲を拡げていくようになります。

　知的に障碍のある子どもとの人間関係においては，係わり手と一緒にいて安心し，落ち着いて生活することができるということが，何にもまして重要なことだと言えます。しかし，このようなことがわからなければ，係わり手は障碍のある子どもの教育・保育に，不安な状態に追い込まれかなり深刻な孤立状態となり，強い孤独と欲求不満をもたらすことにもなってしまいます。

■コミュニケーション

　コミュニケーションの一つの側面は，"一方の側に生まれ出た観念ないしは情報を何らかの表現手段を用いて相手に伝えること" という "伝えること" を協調する理解の仕方です。この鯨岡峻の考えを要約すると，この "伝えること" に主眼をおけば，伝えるべき観念や情報をしっかりと分化し，その分化したものを曖昧さのない表現手段で正確に表現することがテーマになります。鯨岡は，これをコミュニケーションの "理性的側面" を重視する見方と呼んでいます。

　これに対して，もう一つの側面は "相手の（自分の）気持ちや感情といった，簡単には言葉におき換えられないものをお互いに分かり合う" という点を強調する理解の仕方です。こちらを，鯨岡は，コミュニケーションの "感性的側面" を重視した見方と呼んでいます。

　私たちが普段生活している中で，夫婦間などの心理的に距離の近い間柄においては，こちら側が伝えようと意図しなくても，こちら側の態度や表情などから，おのずとこちら側の気持ちが相手に通じ，相手に分かってもらえることがあります。

その逆に，相手が無言でいても，その表情や身体の動きから相手の気持ちがこちら側におのずと分かるというようなこともあります。

　たとえば，私たちは，言葉で表わすことが難しい"今の自分の何かしらの気持ち"を，何とか相手に分かってもらおうとして言葉を重ねて，相手の共感を得たいと思うときがあります。このようなとき，"感性的側面"の重視といっても，"理性的側面"を，そのコミュニケーションがもたないはずはありませんし，逆に，情報を伝えるだけのコミュニケーションにおいて，"理性的側面"を重視するといっても，相手が身近な人であればあるほど，そこに"感性的な側面"も必ず存在します。つまり，"理性的"，"感性的"という区別は，側面のどちらに主眼をおくかということなのです。

　従来，学校教育の中でコミュニケーションというと，言葉などの何かしらの媒体を用いて相手に伝えたり，相手の表現を理解したりと，"理性的側面"を重視して，誰にでも分かる表現を発展させることとして，子どもの"コミュニケーション能力の向上"，"コミュニケーションの発達"，"言葉の発達"と考えることが一般的です。

　知的に障碍のある子どもの教育においても同様のとらえ方をしていますし，実際，現在も多くの教育・保育現場において，このようなとらえ方が根強く残っています。

　知的に障碍が重く高いコミュニケーション能力をもち合わせていない子どもの場合には，コミュニケーションはできないのかということになります。しかし，気持ちを通じ合わせるコミュニケーションは，言葉などの共通の媒体を獲得することを前提としなくても可能なのです。

　カールビューラーは，言葉について，"要求・命令"と"叙述"の2つの側面があると述べています。

　たとえば，私はこれまで多くの保育園や幼稚園を訪問し，保育士と知的に障碍のある子どもたちとのやりとりの様子をみてきました。その中で保育士は，"要求・

第2章 障碍のある子どもと仲良くなるために

命令"の系譜で係わり合っていることが多くみられました。しかし，本当に考えなくてはならないのは，後者の"叙述"の方ではないでしょうか。この"叙述"は子どもが注意を向けているものに，係わり手も一緒に注意を向け，重ね合わせ，やりとりを行うものです。この"共有"があってはじめて通じ合いが生まれます。つまり，"注意の共有"があってはじめて"叙述"は成り立つのです。

　このことは障碍のある子どもたちが通う学校においても同じことが言えます。先生が指示をしてそれに子どもが注意を向けることから係わり合いをはじめていることが多くみられます。このレベルからはじめるのではなくて，"注意の共有"，つまり子どもが注意を向けているものに先生も一緒に注意を向けてみることからはじめることが，子どもとのコミュニケーションにとって大切なことです。

　"お母さん─子ども"間の発達初期のコミュニケーションを考えてみると，そのほとんどは"感性的側面"を重視したコミュニケーションであり，言葉などの共通の媒体の獲得以前に，この二者間でかなりのコミュニケーションが可能になっています。そして，コミュニケーションの発達でいうなら，感性的コミュニケーションから理性的コミュニケーションへと進行するのです。

　鯨岡は，「感性的から理性的への発達は，感性的コミュニケーションが消失して理性的コミュニケーションが現れるというよりも，感性的コミュニケーションを基盤に，その上に理性的コミュニケーションが現れ，完成したものになっていく」と述べています。つまり，"感性的側面"は，たとえば，夫婦間などの近しい大人同士のコミュニケーションにおいても，言葉を駆使して"理性的側面"が，前面に立つようにみえる場合でも，その下部には"感性的側面"が，下支えをしているということが言えます。それは，"お母さん─知的に障碍のある子ども"の二者間では，

身体がさまざまな感性的なものを感受することを通して,互いに"共鳴—感受"することができるからです。ですから,私たちは,"何かが通じた","何かを分かち合えた"という気分になることができるのです。このことはコミュニケーション場面での1つの満足体験となり,さらにこの体験は,次の満足体験を求める動機づけにもなります。この満足体験を繰り返すことで,"お母さん—知的に障碍のある子ども"の双方が理解でき,そして,取り扱うことのできる合図や言葉として,形作られた実物や絵,身振り,写真カードなどを組み合わせることによってなされるのです。

■ コミュニケーションにおける係わり手の重要性

　コミュニケーションといってもいろいろな定義がなされています。

　鯨岡は,「コミュニケーションとは言葉(記号)を通して一方から他方にある観念が伝達され,その他においてその観念が把握されることであり,言葉による観念の授受という側面の他に,特に親しい二者間のコミュニケーションでは,気持ちや感情が通じ合うということも無視できない重要な側面となっている」と定義しています。

　また梅津八三は,「コミュニケーションは『個人の交渉の状況』である。生活体(ヒトを含めた動物)のある行動(運動,分泌,身体表面の色などの状態変化)が他の生活体に作用し,その生活体がたびたびある特定の型を起こすことが認められるとき,両者は交信関係または伝達関係にあると言える」と定義しています。

　さらに岡本夏木は,「コミュニケーションという語を『人々とのかかわり合い』という意味に無限に近づけて用いる。もともと,コミュニケーションという語が示すように『交わり共有し合う』とか,『通じ合い一体となる』ということがその本質にあるならば,『伝達』とか『交信』『交通』という訳語では不十分であり,乳児初期のコミュニケーションでは,文字どおり,母と子が一体となって交わりあい,さまざまな共有関係を分かち合うことがその核心になるのである」と述べています。

　このように三者三様の表現ではありますが,いずれにしても二者間の相互関係の上に成り立つものであるということは,共通しています。

　また,コミュニケーションのための手段や方法は,実物を手がかりにした単純な合図のようなものから,言語といった複雑なものまでさまざまです。

　子どもの使いやすい感覚である見る,聞く,触れる,臭う,味わうなどが単独で,ないしは組み合わさって用いられることや,わずかでも使える感覚をうまく組み合わせて用いることにより,その子どもにとって分かりやすいベストのコミュニケー

第2章　障碍のある子どもと仲良くなるために

ションの手段や方法を考えることがトータル・コミュニケーションの考え方です。

　子どもは，これらのメディアを必ずしも意識して発信するとは限りません。係わり手は子どもの気持ちの表出として受けとめることが重要なのです。そして，係わり手にとって，自分の気持ちを子どもに分かりやすいように伝えるための手段でもあり，子どもにたくさん受け入れてもらうことにより，子どもが自分に残された能力や感覚を「精一杯，活用しよう」，「何とか使おう」と意欲的になるような係わり合いや配慮を工夫することが，係わり手として必要なことなのです。

　トータル・コミュニケーションは，係わり手と子どもが，相互障碍状況にある中で，係わり手が子どもの行動の意味を読みとり，読みとったものを子どもに分かりやすい方法で返し，子どもの行動を意味づけていくことにより，共通のシグナルの形成に発展させていくうえで欠かせない視点であると思うのです。

　このようなやりとりをしていくうちに，子どもの要求することを理解することはできるのですが，十分に応じきることができない場合が生じてきます。そこで，どうやって子どもとの間で"交渉"し"提案し合い"，そして"折り合いをつける"かという経験が必要になってくるのです。この部分を，子どもとの間でどのようにして見出していくかが，障碍のある子どもとの係わり合いをもつうえでは重要なことではないでしょうか。

　この部分を経験せずにやりとりをすると，時として子どもは受容一辺倒になってしまいます。つまり，係わり手が子どもを，ただ動かしている状態になり，子どもはそれに応じているだけになってしまうのです。

　ある側面からみると，確かに子どもは"やるよう"になったと考えられます。しかし，子どもの"主体性"に視点をおくと疑問が生じてくるのです。子どもはやっているかもしれませんが，それは係わり手のいうことに応じているだけかもしれません。

　また，別の側面からみると，"子どものいいなりになる"と考えることもできます。しかし，子どもが要求していることに係わり手が応えること（満足させること）は，決して"いいなりになる"ことではないのです。

　子どもの立場で考えると"欲しがる"，"甘える"などの要求をすることは，子どもなりの理由や事情があるからであり，ただ理由もなく要求しているとは思えないからです。係わり手は，可能な限りこの子どもの要求に応えればいいのです。

私たちはそう簡単に子どもの"いいなり"になれるものではありません。係わり手の事情でできないのであれば，子どもに丁寧に断ればよいでしょうし，可能であれば，子どもの要求を満たしてやればよいのです。

　子どもからみて"させられている"係わり合いは，係わり手にとっては自分のペースですすめることができ，楽な係わり合いということが言えるのです。しかし，幼いときから楽だから，子どもを手なずけることができるからといって，係わり手の思うように扱っていると，大人になり，係わり手よりも体が大きくなって力関係が逆転したときに，何らかの情動爆発をきっかけに，係わり手の方が今度は子どもの顔色をうかがうようになるとも考えられます。

　このような大人になってからの情動爆発は，子どもたちが幼いときから人と交渉しつつ自分の行動を決定するという機会に恵まれなかったからではないでしょうか。

　コミュニケーションにおいては，子どもからの発信をベースにして交渉します。つまり，"折れ合う"，"妥協する"係わり合いのもとで我慢するなどを幼いときから経験することが大事なことだといえます。

　これらのことから，決して係わり手主導のやりとりを育むのではありません。それゆえに，いかにして子どもが表出するわずかな行動をも見逃すことなく読みとり，読みとったものを意味づけし，子どもに分かりやすいかたちで返すかというやりとりにおける係わり手のウエイトの大きさを痛切に感じるのです。

■コミュニケーションにおける写真カードの使い方

　発達障碍や知的に障碍のある子どもたちとのコミュニケーション手段の一つとして，写真カードを使った方法が有効であると言われています。このことは，教育現場における多くの実践から，発達障碍や知的に障碍のある子どもたちは視覚優位である場合が多く，特別支援の教育・保育現場において実証されています。

　ここでは，その写真カードの"作り方"を考えてみたいと思います。

　写真1は，コミュニケーションボードです。あゆ君が日常使用する写真カードを貼ってある場所です。必要に応じて私から"発信や受信"の手段として使用したり，あゆ君からの"発信や受信"の手段として使用していたものです。

　この写真カードを作成するうえで気をつけなければならない視点があります。

　まず，"先生"という写真カードを作るときに，当たり前のように写真2のような写真を撮り，作ることが多いと思います。しかし写真3を見てください。この写真は，あゆ君と私が一緒にうつっているものです。あゆ君の場合，このように自分が一緒にうつっている写真の方が，人物を区別するうえで効果的でした。ですから，

第2章　障碍のある子どもと仲良くなるために

写真カードの例

写真1

写真2

写真3

写真4

写真5

写真6

写真7

写真8

写真2を"先生"というカードとして当たり前に使用するのではなく，その子どもの障碍の状態や性格，認知面の発達などもよく把握した上で作ることが必要となります。

　また，写真4～6は"給食"を表す写真カードです。普通は写真5を"給食"のカードとして使うのが一般的だと思われます。しかしあゆ君は，写真4のカードを使っていました。あゆ君は写真カードの5や6よりは分かりやすかったのです。つまり，自分の経験を切り取った写真カードということになります。また，ある子どもは写真6，つまり食べ終わった後のカードが分かりやすく，実際に使っていました。

　このように，子どもの障碍の状態によって，"給食"を意味するカードはさまざまであり，ある一様の考えで写真カードを使用するべきではないことが理解できます。

　さらに，あゆ君は，自家用車を併用して学校まで通っていました。その時に"自家用車"を意味する写真カードを使っていました。"自家用車"の写真カードを見せ，お母さんが迎えに来ることを知らせたりしていました。その時に使っていたのが写真7です。あゆ君はこのカードで理解できたのですが，子どもたちの中には，このカードでは理解できない子どももいます。それは，写真7の左上に○で囲った部分があります。この部分の小さな車を"自家用車"として理解する子どもたちもいるのです。手前の車を当たり前のように"自家用車"として理解することは，私たちの先入観であり，これまでの経験というフィルターを通して，"当たり前"として考えてしまうのです。

　そのような子どもたちの場合，写真8のように，まわりの景色を消して，車のみが浮かび上がってくるように写真カードを作ることで，子どもたちは理解するようになります。

　これまで，3パターンの写真カードをみてきましたが，写真カード1つとってみても，その意味するところは子どもの障碍の状態によって違ってくるのです。

　係わり手は，目の前にいる子どもが，どのタイプの写真カードを使うことが分かりやすい状況に置かれるのかを考えて作る必要があります。

7 実践事例

　ここでは，やすひろ君とけんいち君との係わり合いを例にして4つのエピソードによってネゴシエーション（交渉型のコミュニケーション）のプロセスを記述します。この4つのエピソードとも，ネゴシエーションは"私―やすひろ君（けんいち君）"の共同活動の場において，やすひろ君（けんいち君）が自発的に表出する行動を私がとらえて，その表出された行動の確認をやすひろ君（けんいち君）と一緒に行い，私がその表出された行動をどのように解釈（理解）したかを，やすひろ君（けんいち君）に提案します。その提案をめぐってやすひろ君（けんいち君）と意味の探索活動を行います。そして，意味の共有がなされ，この二者間での共有語いにいたるという共同的構成活動のプロセスを紹介します。

　私は，やすひろ君（けんいち君）の行動文脈に寄り添って，"私―やすひろ君（けんいち君）"間のインタラクションを十分に行い，私とやすひろ君（けんいち君）が言葉に限らず，どちらにとっても分かりやすい方法で，必要な情報や気持ちを十分にやりとりできることが，お互いを理解し合い，気持ちの感じ合える関係につながると考えていました。

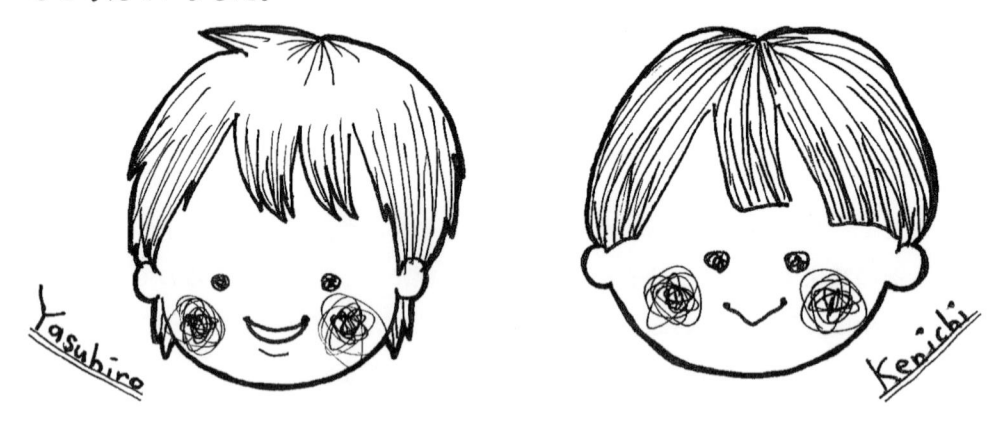

1　ネゴシエーションという考え方

　子どもとの活動レパートリーのなかで，子どものイニシアチブをもとに，子どもと係わり手（この場合，お母さんや先生など）が共有し合う活動テーマを作り出し，

その活動に従事します。

　この共有し合う活動テーマが，子どものイニシアチブをもとに，バリエーションをもつようになると，そこから係わり手や周囲の人々へのコミュニケーションを，子どもが発展させていくようになります。このやりとりにおいて，"一緒にある行為を実行するという側面"，"相互に調整し合うという側面"，"相互に働きかけ合うという側面"という3つの側面が十分に発揮され，さらに，このインタラクションが情動的にも係わり手と共有されたものであり，子どもにとって喜びに満ちたものであればあるほど，子どもの行動はその経験を踏まえた表出となり，能動的，自発的，創造的なものになります。この子どもに表出された行動（身振り的表出）は当初は，必ずしも意図的なものとは言えませんが，そこに意図的な表出あるいはコミュニケーションの端緒をとらえることができます。

　この当初の必ずしも意図的とはいえない子どもの身振り的表出から，子どもと係わり手とのコミュニケーションは，以下のプロセスとして生じていきます。

　① "係わり手─子ども"の共同活動の場において
　② 子どもが何らかの身体表出を行う
　③ 子どもが自発的に表出する行動（しぐさ）を係わり手がとらえ，その表出された行動の確認（表出確認）を子どもと一緒に行い
　④ 係わり手が，その表出された行動をどのように解釈（理解）したかを，子どもに提案する

第2章　障碍のある子どもと仲良くなるために

　⑤　提案を，子どもが受容するか，拒否するか
　⑥　受容した場合には，意味の共有（意味共有）がなされ
　⑦　係わり手と子どもの二者間での共有語いに至る

という1つの過程が考えられ，この過程をネゴシエーションと呼びます。

　このネゴシエーションにおいては，子どもに特定の語いを教えているのではなく，子どもと共にする活動のなかで，子どもが表した行動の意味を子どもと探り，確定しつつ，共有語いを2人で作り上げるという共同的構成活動と考えます。ひとたびネゴシエーションされた子どもの身振り的表出は，異なる文脈においても，その意味が共有され，共有語いとして使用されるようになるのです。

2　やすひろ君とけんいち君とのネゴシエーションの目的

　係わり手が子どもの行っているしぐさをとらえ，その意味を読みとってそれに応えていくことが，次の子どもの行動の表出（身振りサインによる表出）を促し，行動の増加につながっていきます。そして，このような相互の係わり合いが発展していくと，子どもが表出する一つ一つの行動が，係わり手にも十分理解できるものとなっていき，子どももまた，自分自身が表出する行動と係わり手の対応が，「交信する関係」にあることを理解して，係わり手に対して，意図的な行動を一層表出するようになっていくと考えられます。

　そこで，ネゴシエーションの考え方を，ここで用いることとしました。
　そして，これまでの先天的盲ろう重複障碍であるやすひろ君とけんいち君との指導経過から係わり合いの場面を取り上げ，
　①　"私—やすひろ君（けんいち君）"の共同活動の場において
　②　やすひろ君（けんいち君）が何らかの身体表出を行う
　③　やすひろ君（けんいち君）が自発的に表出する行動（しぐさ）を私がとらえ，

その表出された行動の確認をやすひろ君（けんいち君）と一緒に行い

④ 私が，その表出された行動をどのように解釈（理解）したかを，やすひろ君（けんいち君）に提案する

⑤ その提案を，やすひろ君（けんいち君）が受容するか，拒否するか

⑥ 受容した場合には，意味の共有がなされ

⑦ 私とやすひろ君（けんいち君）の二者間での共有語いに至る

というプロセスを，ネゴシエーションと定義します。このネゴシエーションの枠組みを，話し言葉にオブジェクトキュー[注1]やタッチキュー[注2]，身振りサインを添えたやりとりの様子を記述することで，資料によって裏付け，理論的検討をすることを目的とします。

3　やすひろ君の紹介

200X年10月生まれの男の子で，係わり合いがもたれたのは3歳7ヶ月〜4歳2ヶ月の6ヶ月間でした。仮死状態で，体重3,418グラムで生まれました。重度の黄疸で4日間保育器に入りました。生後，種々の医療的ケアを受け（眼科など），現在も継続中です。

乳幼児通園施設には，平成200X＋2年Y月より，週1度の通園をしていました。また，K県の盲学校幼稚部にも通学していました。

耳の状態は，早期からの補聴器の装用により，80〜90デシベル程度の聴力レベルにありました。目の状態は，視神経乳頭形成異常，下垂体機能低下症，強度の弱視でした。中度の知的障碍もありました。

人や物を見るときには，対象に顔を近づけて見ていました。言葉はエコラリア（意味をともなわない反復）様の言葉の使用が目立ち，おんぶなど，要求を伴う自発

第2章　障碍のある子どもと仲良くなるために

的な一語文程度の限られた言葉は，時々言うことがありました。係わり手の手を引っぱるなどの身体接触のガイドによる要求が中心で，コミュニケーションもタッチキューなどに言葉を合わせてのシステムが中心でした。係わり合い当初，自分の要求が通らないときには大きな声を出し，自分の要求を通そうとすることがたびたびみられました。

4　やすひろ君との係わり合いにおける背景となる状況

　目の状態は強度の弱視で，私のこともボヤッとしてしか見えていないものと思われました。そこで，やすひろ君と係わり合いをもつときには"黄色のTシャツ"を着て，"あごひげ"をネームサイン(注3)としました。
　やすひろ君からの自発的な言葉はほとんど聞くことができず，「トランポリンするの？」の言葉がけに，「トランポリンするの（不明瞭）」など，私の言うことに対してのエコラリア様の言葉が多くみられました。"ああしてほしい"，"こうしてほしい"などの要求の言葉をやすひろ君の方から言うことはほとんどありませんでした。私は，やすひろ君のしぐさや表情，片言の言葉などを手がかりにやすひろ君の気持ちを読みとり，「たかいたかいするのかい？」の言葉に，両手をやすひろ君の脇の下におき，少し持ち上げるようにするなど，言葉にタッチキューを重ね合わせる係わり合いを心がけました。
　やすひろ君の通園施設での大人との係わり合いをみていると，1人の人ととことんつき合う，満足するまで遊ぶことなどを体験してこなかったのではないかと考え，やすひろ君のやりたいことにとことんつき合うというところから係わり合いをもつようにしました。私に対してやすひろ君が信頼し，自分の願いを本気で聞いてくれ，

自分の気持ちを受け入れてもらえるという経験を積んでいくことにより，徐々に私の提案も受け入れてくれるようになり，お互い折り合うような係わり合いがもてるようになっていくのではないかと考えました。

やすひろ君の場合，折り合いをつけるとき，たとえば遊びを終了させ食事に移るときなどには，私のひざの上に顔が向き合うように座らせ，遊びを終えて食事をすることや食事が終わったら再び遊べることなどを，言葉にタッチキューを重ね，体に触れることやオブジェクトキューを用いることにより，私の気持ちを伝えるようにしました。"好きな人の言うことなら聞いてやろう"という気持ちが，やすひろ君の中に現われるようになってはじめて折り合いをつけることができる関係になると考えたからです。

5　実践の経過

> エピソードⅠ："たかいたかい"のやりとりのなかでのネゴシエーション
> 　　　　　（200X＋3年Y＋2月Z日）

教室内に立っている私のところにやってきて，やすひろ君は，私を見上げ両手を挙げ，小声で「たかい」と言う。私はその場に顔が向き合うように座り，やすひろ君の脇の下に少し強めに手をおき「やすひろ君，たかいたかいするのかい」と言う〈表出確認，提案：私ニタカイタカイヲシテホシイノデスネ〉（写真1）。やすひろ君は何も言わずに，私がおいた脇の下の手をギュッと力強く握り返し，上方へと力を加える〈受容〉。座った状態から1度顔が向き合う位置でとめ，それから私は両手いっぱいに，できるだけ高く伸ばし「たかい　たかい」と言いながら抱き上げる（写真2）。やすひろ君は空中でニコニコしながら，足をばたつかせている。ほんの数秒であるが，やすひ

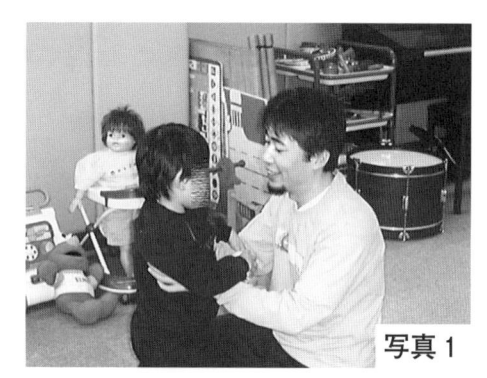

第2章 障碍のある子どもと仲良くなるために

ろ君は空中での浮遊感を楽しんでいるように私には感じる。その楽しそうな表情を見ながら私はゆっくりとやすひろ君をカーペットに降ろす。

やすひろ君はカーペットに降りるとすぐに，私の両手を引っぱり，座らせようとする。私がまた顔が向き合うように座ると，やすひろ君は私の両手を自分の脇の下に引っぱり，上方へと力を加える〈語いの共有化〉。私は「やすひろ君，もう1回たかいたかいするのかい」と言い，やすひろ君の脇の下の手を上方へ少し力を入れた〈表出確認，提案：私ニタカイタカイヲシテホシイノデスネ〉。やすひろ君は何もいわずに私がおいた脇の下の手をギュッと握り上方へと力を加えた〈受容〉。私はまた，両手いっぱいに，できるだけ高く伸ばし，やすひろ君の期待に応えるように「たかいたかい」と言いながら抱き上げる。やすひろ君は「ハハハハッ」と声を発し，ニコニコした表情である。私はその様子を見て，「やすひろ君，楽しいね」と言う。

●エピソードⅠの考察

この日，やすひろ君ははじめて，"たかいたかい"を要求しました。

私はやすひろ君の要求するまま何十回も"たかいたかい"をしました。途中で強引にでも活動を切り替えることはできました。しかし，やすひろ君と係わり合いをもった初期の頃であったため，私の方もこの人は本当に僕につき合ってくれる人なのかとやすひろ君に試されているようにも感じたため，やすひろ君が満足するまでつき合うことにしたのです。

知らない人がみると"同じことを何十回もしている"，"他にやることはないのか"と思うかもしれません。しかし，私に頼めばいつも"たかいたかい"をしてくれるという安心感が，やすひろ君の1日の生活を安定させることにつながるかもしれません。さらには通園施設での楽しみの1つになるかもしれません。この頃は予想にしかすぎませんでしたが，この後，1日の係わり合いの中で必ず1回は"たか

いたかい"や"おんぶ","抱っこ"を要求するようになり，おんぶや抱っこをしながら歌を歌ったりと，バリエーションをつけることもやすひろ君は受け入れるようになったのです。

　私の言葉にタッチキューを重ね合わせた合図（「たかいたかいするかい？」に，やすひろ君の脇の下に手をおき少し上へ持ち上げるようにする）を受けて，やすひろ君は私の脇の下の手を握り少し上へと力を入れる身振りサインをすることにより，"たかいたかい"をしてほしいという意味を私に伝えることを理解しました。

　やすひろ君と私の間に共有意味，すなわち共有語いが成立したのです。ここで，これまでのプロセスを踏んでネゴシエーションが実行されたということが言えるのです。

> **エピソードⅡ："トランポリン"のやりとりのなかでのネゴシエーション**
> 　　　　　　（200X＋3年Y＋4月Z－1日）

　やすひろ君は，私の右手を力強く引っぱり，小走りにトランポリンに行く。私は「やすひろ君，トランポリンするのかい」と尋ねるが〈表出確認，提案：私トトランポリンヲスルノデスネ〉，やすひろ君は右手をつないだまま何も言わずにトランポリンにあがる〈受容〉。やすひろ君はトランポリン上，私はカーペット上に位置し，顔が向かい合うように両手をつなぐ。やすひろ君はすぐにトランポリンを跳びはじめる。ポンポンとリズミカルに，ニコニコした笑顔で跳んでいる。数分跳んだ後に，私はやすひろ君のジャンプに合わせるように「イチニイサンイチニイサン……」とかけ声をかけた。やすひろ君はかけ声に合わせるような様子はない。それで私はかけ声の「サン」に合わせ，つないでいる手に少し力を入れ，高く跳ぶように促してみた〈提案：サンニアワセテタカクジャンプシテミマセンカ〉（**写真3**）。数回繰り返すうちに，やすひろ君はつないでいる手に力を入れ，踏んばるように足にも力を入れ，自ら高く跳びはじめた〈受容〉。この「イチニイサン……」のリズムに合わせ，「サン」のかけ声につないでいる手に力を入れることで高く跳ぶようになった〈語いの共有化〉。

　10分間程，このリズミカルなジャンプをした後にやすひろ君は跳ぶのをやめ，トランポリンにあがるように私の両手を力強く引っぱった。私は「やす

写真3

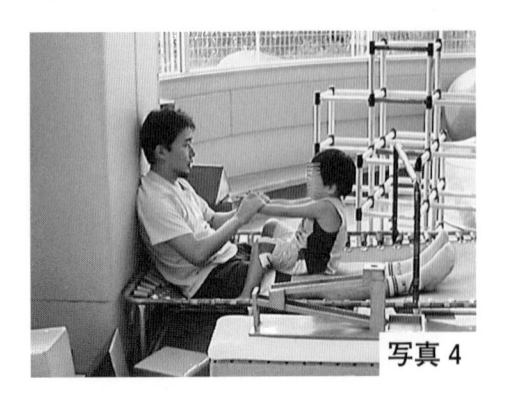

第2章　障碍のある子どもと仲良くなるために

ひろ君，先生トランポリンにあがるのかい」と言いながらトランポリンにあがった。あがるとすぐに，やすひろ君は私の両手を下方に引っぱり座るように促した。私は「やすひろ君，なにするの」と言いながら顔が向き合うように座った（写真4）。座るとすぐにやすひろ君は私の背中にまわり，首に手をまわしてきた。私はおんぶだと思い，「やすひろ君，おんぶするのかい」と言いながら〈表出確認，提案：オンブヲスルノデスネ〉，やすひろ君を抱きあげた〈受容〉。そして私はやすひろ君をおんぶしたまま「イチニイサン…」とかけ声をかけながら跳びはじめた。やすひろ君は私の背中で，体を上下にゆすり，「キャッキャッ」と声を発し，ニコニコ笑顔で両手をばたつかせている。私は「やすひろ君，楽しいね」と言いながらリズミカルに13分間程跳んだ。

　教室内が暑かったこともあり私は疲れたので，「やすひろ君，少し休もうか」と言い，やすひろ君の了解を求めたが〈提案：ジュウヤスミマセンカ〉，やすひろ君は全く私の背中から降りる気配はなく首に手をまわしたままであった〈拒否〉。私はもう一度「やすひろ君，先生疲れたから少し休もう」と言うと〈提案：ジュウヤスミマセンカ〉，笑顔ではあるのだが複雑な表情で，首から手を離してくれた〈受容〉。私は座り，ひざの上に顔が向かい合うようにやすひろ君を座らせた。そして私は「ジュウ数えてから，またトランポリンしよう」と言いながら〈提案：ジュウヤスンデカラトランポリンヲシマセンカ〉，やすひろ君の両手を軽く握り「イチニイサン……ジュウ」に合わせて手打ちをした〈受容〉。ジュウ数え終わるとすぐにやすひろ君は立ちあがり，私の手を引っぱり立たせようとする。"早くやろうよ，先生"といっているかのようである。私は立ちあがりながらやすひろ君を背中へとガイドし抱き上げ，またトランポリンを跳びはじめた。

● エピソードⅡの考察
　トランポリンでのやりとりを通して"何をしようか"，"こうしてみようか"，"こうしたらどうだろう"など，やすひろ君が，表出した行動に対して私と2人でお互いに確認しあって，折り合いをつけたり，妥協し合ったり，修正したりしてやりとりを行いました。

たとえば，トランポリンを跳んでいて"疲れたので休もうか"の提案にも"ジュウ休めば次にまた，私と一緒にトランポリンを跳ぶことができ，私との活動が終わるわけではないのだ"ということを理解することにより，私の提案にもすんなりと折り合うことができたのではないかと思います。 
　また，やすひろ君は，強度の弱視です。あたり前ですが，見ることが不自由なだけにやすひろ君が表したしぐさを私が受けとめた場合，やすひろ君の表しているどのしぐさのどういう部分を私が受けとめているのかをやすひろ君に伝えないと自分の起こした動きのどの部分を私が受けとめたのかが分かりません。やすひろ君がより理解することができるように，一つ一つの行動やしぐさなどについて，言葉にタッチキューを重ね合わせて丁寧に返すという即時的なフィードバックが重要でした。
　私の「イチニイサン」の「サン」のかけ声につないでいる手に力を入れることで，やすひろ君は高く跳ぶことを理解したのです。
　やすひろ君と私の間に共有意味，すなわち共有語いが成立したのです。ここで，これまでのプロセスを踏んでネゴシエーションが実行されたということが言えます。

6　けんいち君の紹介

　200X年9月生まれの男の子で，係わり合いがもたれたのは3歳8ヶ月～4歳3ヶ月の7ヶ月間でした。安産で，体重2,970グラムで生まれました。生後より200X＋1年までに3日～6ヶ月間の入院を3回程行っており，現在でも種々の医療的ケ

ア（眼科など）を受けています。乳幼児通園施設には200X＋3年9月より，週1度，通っていました。

　耳の状態は，早期からの補聴器の装用により30デシベル程度の聴力レベルがありました。目の状態は，網膜芽細胞種・白内障，左目は義眼・右目は弱視でした。中度の知的障碍もありました。

　人や物を見るときには，右目を対象に近づけて見ていました。動きは活発でありトランポリンやすべり台，ブランコなど意欲的に行っていました。言葉は，係わり合い当初は，音声言語が出はじめた頃でした。エコラリア様やその場の状況と無関係なことを言うことが目立っていました。係わり手の手を引っぱるなどの身体接触のガイドによる要求が中心で，コミュニケーションも言葉に身振りサインなどを重ね合わせてのシステムが中心でした。

7　けんいち君との係わりにおける背景となる状況

　目の状態は，左は義眼，右は弱視でした。ある機関の検査では0.01という数値が出ていましたが，カーペットの上にあるミニカーを立っている姿勢からすぐに見つけるなど，係わり合いを通して数値よりは見えているように感じました。白内障の症状は，現在進んでおり定期的に検査を受けていました。また見ようとする意欲はありました。けんいち君と係わり合いをもつ上で，やすひろ君と同じように黄色のTシャツを着て，あごひげをネームサインとしました。

　耳の状態は，補聴器を装用して30デシベル程度という検査結果でしたが，けんいち君の生活する様子を見ていると，物音に反応するなど，検査結果よりも聞こえているようでした。

　係わり合い当初は，保護者の十分な愛情を受けながらも，乳児期の長期の入院などの影響もあったためか（入院中はベッドで身動きがとれないこともあった），活発には動くのですが，無秩序にみえる動きが目立っていました。愛情がありながらも，情緒の安定性がやや欠けており，能動性に支えられた外界に向けての，特に人に対しての探索活動が起こりにくくなっていました。起こりにくくなっていたというよりも，むしろどのように人に係わったらよいのか分からない状態といった方がよいかもしれません。係わり合いをもつ上で，けんいち君の行動から教室の中にある特定のもので，目をとめたものに一緒に注意を向ける，物音に耳を澄ませたときには一緒に耳を澄ませる（耳から情報を得ることは，たとえば，教室内にいながら外から聞こえるわずかなバスの音やバイクの音，救急車のサイレンなどには特に敏感であり，優れてい

ました），実際に手を伸ばしてつかんだものに一緒に注意を向けるなど，けんいち君が注意を向けたものに一緒に注意を向け，そのものや状況にまつわることを言葉にタッチキューやオブジェクトキューを重ね合わせることでのやりとりに心がけました。

　けんいち君の場合，1つの遊びを長時間，集中してするというよりは興味・関心のあるものに次から次へと遊びを切り替えていく状態でした。しかし，私からみて，ごくわずかの時間の活動であってもけんいち君にとっては，それがけんいち君の全てなのかもしれないと思いました。そして，このようにやりとりをする中で，けんいち君は経験的に多くのことを身につけ，外界（物・人・事象など）と交渉（折り合い）することができるようになっていくと思われました。

8 実践の経過

> エピソードⅢ："三角マット"のやりとりのなかでのネゴシエーション
> （200X＋3年Y＋3月Z＋6日）

　けんいち君は小走りに私のところにやってきて，私の手を力強く引っぱり三角マットのおいてある場所に行く。早くやりたいというけんいち君の気持ちが手を通して私に伝わってくる。私は三角マットを出すのかなと思い「けんいち君，三角マットで遊ぶのかい」と言うと〈**表出確認，提案：私トサンカクマットデアソビタイノデスネ**〉，けんいち君はいつも三角マット遊びをしている教室の真ん中の方へと走っていく〈**受容**〉。私はけんいち君を追うように教室中央に三角マットを設置する。
　けんいち君は三角マットの坂の下の方へ，私は坂の上の方へと位置する。私は「けんいち君，いいよ」と言いながら，マットを"バンバン"とたたく〈**提案：私ノトコロニトビコンデキテイイデスヨ**〉（**写真5**）。けんいち君はその私からのサインを待っていましたとばかりに，小走りに坂をかけあがってくる。そして坂の上までくると，私に身をあずけるようにとびこんでくる〈**受容**〉。まるでスキージャンプ選手の飛行姿勢のようである（**写真6**）。私はしっかりとけんいち君を受けとめ「すごいね，けんいち君」と言うと，けんいち君は，楽しそうに口を大くあけて笑っている。私の胸から降りると，すぐに坂の下の方に飛び跳ねるように走って行き，私からのサインが早く出ないかなと期待をこめた表情で，準備万端の構えをしている。私は「けんいち君，いいよおいで」と言いながら勢いよく"バンバン"とマットをたたく〈**提案：私ノトコロニトビコンデキテイイデスヨ**〉。けんいち君はフライング気味に坂をかけあがり，そのままの勢いで私に向かってとびこんでくる〈**受容**〉。私はしっかりと

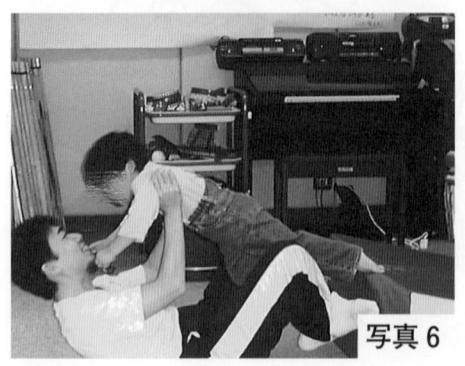

写真5

写真6

けんいち君を抱きしめる。5回程した後，私は「けんいち君，いいよ」と言い，マットを"バンバン"たたかないでいると（私はマットをたたかないとけんいち君はどのような行動をとるのかと思い，しかけを試みた）〈提案：スコシイジワルカモシレマセンガ，サインヲダサナイトけんいち君ハドウシマスカ〉，けんいち君は坂を小走りに真剣な顔をしながらかけあがってきた。坂の上までくると，けんいち君は自分で「バンバン」と言いながらマットをたたく〈語いの共有化〉。私は「けんいち君，いいよ」と言うと，急に満面な笑顔になり，私めがけとびこんでくる。私は「けんいち君，すごいね，えらいね」と言うと，けんいち君は「キャッキャッ」と，大声で笑っている。

● エピソードⅢの考察

　三角マットでのやりとりを通して，活動の発展（拡がり）とはどういうことだろうかと考えさせられました。大人の目からみた活動の発展（拡がり）は，活動が豊富になった，活動空間が拡がった，1つの活動が長時間続くようになったなどと，私自身解釈していました。しかし，直接係わり合いをもつことにより，はじめてけんいち君の内面の私の目にはみえない活動の発展（拡がり）を理解することができました。

　係わり手は，活動の外面的発展（拡がり）ばかりに気をとられているような気がします。子どもたちが，ゆっくりと，物そのものに取り組んだり，友達と思う存分遊んだり，さらには，係わり手とも思う存分やりとりをするというゆとりすらないように思うのです。つまり，係わり手が，その時間の授業の予定を進めることばかりに気を取られ，子どもたちが心に感じていることに触れるゆとりがなくなってしまっているのではないでしょうか。

　私は，けんいち君の表出した行動の意味を読みとります。そして，私が，けんい

第2章　障碍のある子どもと仲良くなるために

ち君の表出した行動に対して，特定の受け方をするという共感的な関係をもつことを，けんいち君は理解することができたのです。この共感的な関係は，相互的なものとなり，けんいち君は，私の受け方に応じて表出する行動を変化させていきました。けんいち君の行動表出は，さらに私に対して意図的な表現に変わっていきました。この意図的なものを根拠に，けんいち君が，自分自身の行動の意味を理解しているととらえることができました。つまり，意味の共有が2人の間でなされ，この意味の共有をネゴシエーションの視点からみると，けんいち君の身振り的な行動表出に対する私の表出確認という手続きを私が丁寧に行うことにより確実なものにしていくことができたと考えられます。

> エピソードⅣ："バルーン"のやりとりのなかでのネゴシエーション
> 　　　　　　（200X＋3年Y＋4月Z＋1日）

　けんいち君は私の手をおもむろに力強く引っぱり，赤いバルーンの方に行く。歩きながら，私は「けんいち君，バルーンで遊ぶのかい」と聞くと〈表出確認，提案：私トバルーンデアソビタイノデスネ〉，けんいち君は笑顔で私の方を向き，首を少し右に傾け「やろうか（不明瞭）」と言いながら，バルーンを"バンバン"たたく〈受容〉。そしてけんいち君はバルーンに寄りかかる。私は「けんいち君，バルーンに座るかい」と言いながら，バルーンを"バンバン"たたき，けんいち君を後ろからそっと抱き上げゆっくりとバルーンに座らせた〈表出確認，提案：コウテンヲシテアソビマセンカ〉。私はけんいち君の後から脇の下に手を軽くおき支える。けんいち君はいきなり，上体を後ろに倒し，足を巻き込むようにして後ろ回りをする〈受容〉。私はそのけんいち君の動きに合わせるように「よいしょ」と言葉をかけながら後ろ回りの支えをする。けんいち君はクルッと回転してカーペット上に着地する（**写真7**）。私の方を向き，どうだといわんばかりの自信に満ちた表情である。私は「けんいち君，上手だね」と言うと，けんいち君は小走りに前方に転がったバルーンまで行き，"バンバン"たたき〈語いの共有化〉，寄りかかり両手を挙げ，私が抱き上げバルーンに座らせるのを待っているかのような後ろ姿である。私は「また，

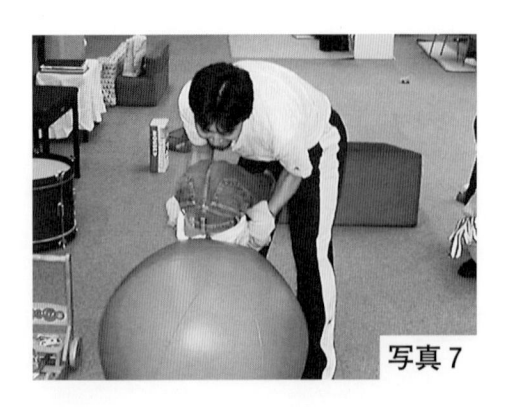

写真7

バルーンに座るのかい」と言いながら，バルーンを"バンバン"たたき，けんいち君を抱き上げバルーンに座らせる〈表出確認，提案：コウテンヲシテアソビマセンカ〉。けんいち君は後ろ回りをする〈受容〉。14回程このやりとりをした後に，私は「けんいち君，少し休もうか」と言うと〈表出確認，提案：スコシヤスミマセンカ〉，けんいち君はバルーンから離れ〈受容〉，まだまだ後ろ回りできると私にアピールしているような勢いで教室内を走りまわっている。けんいち君が私のところに戻ってきて再び「やろうか（不明瞭）」と言い，バルーンを"バンバン"たたき〈語いの共有化〉，後ろ回りのやりとりを31回程して次の遊びに移った。

● エピソードⅣの考察

　バルーンでのやりとりを通して，体を大きく動かす反復的な遊びの中には，運動面でのいろいろな操作の基本，つまりその時々の発達段階で必要な自発的な反復（運動）や空間の拡がりなどの認知面での発達の基礎的な要素が含まれているように思われました。

　さらに，このようなやりとりを通して，係わり合い当初からみると，4ヶ月経過した頃には，言葉がたくさん出始めてきました。このようなやりとりは，言葉の基礎をもなしているのではないでしょうか。けんいち君の場合，エコラリアやその場の状況と無関係のことを言う，同じ言葉を繰り返すことがみられました。これは一

第2章　障碍のある子どもと仲良くなるために

見，自閉症にみられる特有な症状と考えることができます。しかし，けんいち君の場合，自閉症にみられる特有な症状ではなくて，音声言語の習得期に現れる文脈に関係なく覚えた言葉を言葉にする現象と考えられます。

　バルーンでのやりとりのような身体と身体が直接触れ合う遊びを通してけんいち君のイニシアチブのもと，けんいち君と私のやりとりが，お互いに響き合うものになり，"好きな人のいうことを聞いてやってもいいかな"という気持ちが芽生え，私の提案も受け入れてくれるようになり，折り合いも聞き入れてくれるようになったのではないでしょうか。

　けんいち君が，特定の身振り的な行動表出をした後ですぐに，私が模倣をすることで応答したり，表出された身振りをタッチキューなどでけんいち君の身体に直接，または，私自身の身体にガイドをして再現することにより，表出を確認しました。そして，けんいち君の笑顔のような情動表出を伴いつつ，私の提案を待つような動きがみられたり，私からの何かしらの呼びかけの身振りに対して，すぐに身振り的な行動を表出し応答することで，意味の共有が達成され，そこに共通語いが構成されたと判断することができ，ネゴシエーションが実行されたと言えます。

9　ネゴシエーション以前の"係わり手―子ども"間の係わり合いをとらえる視点

　視覚聴覚二重障碍の子どもは，見ることが不自由なだけに，その子どもが表したしぐさを，どのように係わり手が受け止めたかを，具体的にその子どもに伝えないと，子どもは自分の表したしぐさを，係わり手が受け止めたのかどうかが分かりません。

　係わり手が子どもに必要な配慮や方法を考えていくとき，子どもたちは一人一人違った個性や気持ちをもって生きている主体であり，一様にある形式や方法，療法などを用いて係わり，"○○君を理解することができた"，"○○ちゃんと気持ちが通じ合えた"と考えるのではありません。係わり手が子どものイニシアチブに寄り添って係わり合いを進めていくことで，それぞれの子どもに合ったコミュニケーションシステムを見つけ出し，気持ちの通じ合える（感じ合える）関係を，"係わり手

"子ども"の二者間で作り上げていくという基本姿勢に立って係わり合いをもつように心がけることが重要なことであるのです。

たとえば，ネームサインは，子どもが今，係わり合いをもっている人は誰なのかが分かる特別な触り方による合図です。複数の係わり手がいる場合，ネームサインにより，子どもが係わり手を区別することができます。また，子どもにとっては，誰と係わり合いをもっているのかという安心感をもたらすことになるのです。さらに，実物を手がかりとした合図であるオブジェクトキューや子どもの身体に直接触れて伝える身振りサインであるタッチキューを用いて係わり合いをもつことは，子どもたちにとって，自分自身の生活や活動に見通しをもたらすことにつながります。

このような安心感や見通しをもとに，子どもに分かりやすい環境を提供し，係わり合いをもつことで，子どもは，少しずつですが，自分の気持ちを豊かにし，活発に表出するようになります。この表出した行動の意味を"係わり手―子ども"間で共有するのです。つまり，係わり手は子どもの表出した行動の意味を解釈するように努めるのです。子どもは自分が表出した行動が係わり手に"特定の意味"をもたらすということを理解し，この"特定の意味"が相互的なものになり，意味の共有がなされるのです。

第2章　障碍のある子どもと仲良くなるために

10　ネゴシエーションという視点

　子どもの表出した行動に係わり手が応答する場合，"子どもの要求を全て受け入れることがよいことなのか"，"どこで子どもの活動を切り替えればよいのか"などの疑問や困難を生じるときがあります。このような時，係わり手は可能な限り子どもの気持ちを受けとめて，どうして活動を切り替えなくてはならないのかというその理由や次にどのような活動をするのかを少しでも子どもに分かりやすいように，繰り返し説明するように心がけます。つまり，子どもの表出した行動に対して，その表出の確認を行い，言葉に限らずタッチキューやオブジェクトキューを丁寧に用いて子どもに返すようにするのです。

　このとき，係わり手と子どもとが，子どもが表出した行動の意味を共有するには，子どもは自分が表出した行動が係わり手に"特定の受け方"をもたらすという随伴関係を理解していく必要があります。この関係が，相互的なものとなって，子どもは係わり手の受け方に応じて表出する行動を意図的に発するようになります。この意図的に発することを根拠に，子ども自身が自分の表出している行動の意味を理解しているととらえ，意味の共有がなされたとこれまでは考えられていました。

　ネゴシエーションでは，この意味の共有を，子どもが特定の身振り的な行動表出をした後で，係わり手が，その身振り的な行動を模倣したり，子どもあるいは係わり手の身体上にガイドして再現させる等の表出確認という手続きによって確実なも

のにしようとします。そして，子どもが特定の身振り的な行動表出をした後で，係わり手の提案を期待して待つような動きや即座にその身振り的な行動を表出するようなことがあった場合に，意味の共有が達成されるのです。つまり，共有語いが構成されたと判断するのです。その上で，ネゴシエーションが終結したとします。

したがって，ネゴシエーションは，係わり手と子ども，二者間の意味の共有，あるいは，特定の共有語いの構成が手続き的に裏付けされたことにこだわるのです。

"係わり手―子ども"間で，共有語いが成立し，語い数が増えていくことで"僕は係わり手に受け入れられているんだ"と思うようになり，ネゴシエーションが成立した特定の活動文脈から，自発的にその共有語いを別の文脈で使い出すようになります。特定の"係わり手―子ども"間での子どもの主体性が高まり，二者間での共有語いが増え，子どもが受信ばかりではなく自発的に発信することで子どものコミュニケーションの世界が拡がった，豊かになったということが言えるのです。

8 障碍のある子どもと係わり合うための8ヶ条

子どもたちとの生活の中で，お父さんやお母さん，先生方が子どもたちに少なくとも伝えていくべき基本的なことを，8つの視点に分け紹介したいと思います。

1 子どもに，お父さんやお母さん，先生が，そばに"来たこと"，"いること"を知らせます

　私は，係わり合いをもとうとあゆ君に近づき，あゆ君の手を何の予告もせずにつかみました。あゆ君は驚いた様子で，私の手を振り解きました。振り返ったあゆ君は，それが私であることに気づきました。私は，「あゆ君，ごめんね」と言いながら，私のネームサインである"ひげ"を指差して，「スガワラだよ」と言葉をかけました。あゆ君は，安心したのか笑顔で応じてくれました。

　知的に障碍のある子どもや視覚と聴覚の双方に障碍のある子どもなどと，係わり合いをはじめるときや子どもに近づくときには，係わり手がそばに来たことを知らせることが大切なことです。
　突然に子どもの横に何もいわずに座ったり，体に触れたりすると子どもが驚いたり，不安を感じたりするからです。気持ちよく係わり手との出会いを迎え，係わり合いをはじめることが大切なことです。
　また，子どもは，「おーい」，「〜ちゃん」，「〜君」の"呼びかけ"で，係わり手からの働きかけが始まるのだということ知ることができます。私は，子どもにとって，係わり合いが始まるのだということを伝えることは重要なことであると思い，"呼びかけ"てから係わり合いをもつようにしていました。
　これらの経験は，たとえば家庭や幼稚園で，何かを始めるときに，「あゆ君」，「じゅん君」というお母さんや先生の呼びかけに対し，あゆ君とじゅん君

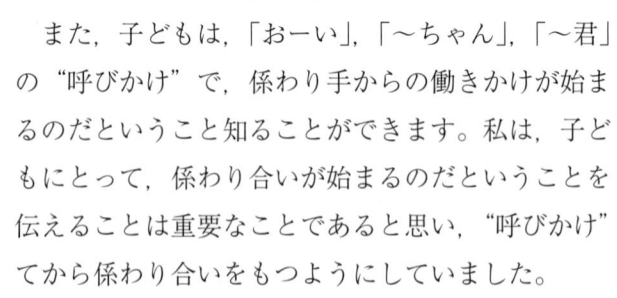

は，注意を向けることが多くなり，これから"何かが始まるんだ"ということを理解するようになっていきました。

> 2 子どもが係わり手であるあなたを別の人とはっきりと区別して理解しやすいように，係わり手自身がいったい誰で，どんな特徴のある人であるのかを知らせます

私のネームサインは，"あごひげ"でした。あゆ君にとっては，一目見てそして触って分かるサインになっていました。あごひげは，年間を通し剃らないようにしていました。あゆむ君の安心を保障するためであり，私と他の先生方を区別するためのものでした。

朝の集会などで，あゆ君が私のひざに座っている時など，ひげをよく触ってきました。触ることにより，安心感を得ているのだと思われました。

学校でも家庭でも，私のことは，あごを指差しながら「スガワラ」と言うようにしていました。たとえば，家庭において登校前など，お母さんがあごを指差しながら，「スガワラが待っているから，学校に行くよ」などと，ネームサインに言葉を重ね合わせあゆ君に伝えることで，あゆ君は登校の準備をはじめます。このように，あゆ君は見通しをもち行動をすることができるようになってきました。

係わり手は，子どもが今係わり合いをもっている人は誰なのかが分かる特別な触り方による合図（ネームサイン）を工夫する必要があります。人は"動き方"，"声"，"体臭"，"肌触り"，"外見"など，その人特有の特徴をもっています。

子どもがこの特徴をどれだけ知覚できるかは，その子どもの"可能な感覚"によります。あごひげや明確な身振りなどは，シンボルがその人に結びついている大変価値のあるものとなります。

> 3 子どもに"今，何をしているのか"，"今，何が起こっているのか"，"これから何をしようとするのか"を分かりやすい方法で伝えます
>   そのためには，子どもに合わせて"オブジェクトキュー（実物を手がかりにした合図）"や"タッチキュー（子どもの身体に直接触れて伝える身振りサイン）"を工夫して用います

第2章　障碍のある子どもと仲良くなるために

① オブジェクトキュー

　あゆ君の給食のオブジェクトキューは，トーマスの絵のついた白い袋に，エプロン，歯ブラシ，コップが入っているものでした。給食に行くときには，あゆ君に分かるように，"給食"のオブジェクトキューを見せ，「あゆ君，給食に行くよ」と誘います。

　あゆ君は，学校生活での毎日の流れをルーティンとしても，大方理解しており，"給食に行くんだ"と，私の提案を受け入れてくれます。自分のリュックサックからランチセットを取り出し，給食に行く準備をします。そして，私の手を引っ張り食堂へと向かうのです。

　また授業が終わり，次が"給食の時間だ"ということを理解してか，お腹が空いたからか，自分から"給食"の身振りサインを型どったり，リュックサックからランチセットを取り出し，給食の準備をすることもみられるようになっていました。このときは，給食までに多少時間があっても，あゆ君の自発性を尊重し，一緒に食堂まで行くようにしていました。

　じゅん君は，帰りの集会の時間になると，"そろそろ帰る時間だ，スクールバスに乗る時間だ"ということを予測するようになっていました。帰りの集会が終わり，私が，"リュックサック"を見せ，「バスに乗って帰るよ」と伝えると，私と手をつなぎ玄関へと向かいます。リュックサックを提示されることにより，"お家に帰るんだ"，"スクールバスに乗るんだ"ということを確認して，玄関に向かっているように思えました。

　あゆ君とじゅん君のエピソードから，毎日の生活の中で"決まってすること"や"ある活動を行うときが来たこと"を，それぞれの活動の中で子どもが"実際に使う物"や子どもにとって"特定の活動を象徴する物"などと結びつけて子どもに知らせることは，発達の初期の段階にある子どもにとっては有効な手段です。

　"特定の活動"を意味する物を示されることで，"これから何をする時間なのか"を子どもは理解しやすいと考えることができます。

　家庭生活においても，靴が外出，帽子が散歩など，具体物と活動が結びつき，あゆ君もじゅん君も，生活の拡がりがみられるようになっていました。

　また散歩に行きたいときには，自ら帽子を持ってきて，お母さんに見せ散歩に行きたい旨を伝えるようにもなっていました。

② タッチキュー

　タッチキューは，あゆ君とじゅん君とのやりとりにおいて，あらゆる場面で日常的に使っていました。

　たとえば靴を履くとき，履く方の足を軽くたたいて，靴を履くことを予告してから靴を履いていました。抱っこをするとき，脇の下に手を置き，軽く上方へ１，２回力を加えて，抱っこをすることを予告してから抱き上げるようにしていました。

　あゆ君やじゅん君とのやりとりにおいて，タッチキューを使用しているのは，音声言語や身振りサインのみでは，あゆ君やじゅん君に情報が伝わりにくいと考えたためです。

　タッチキューとは，子どもの身体に特別な触り方の身振りをして"誰がいるのか"，"次に何が起きるのか"を伝える方法です。さらに，予告や情報を子どもに提供するばかりでなく，係わり手が子どもにしてほしいことを直接身体に知らせたり，促したりすることができるものです。

　じゅん君の場合，施設の職員が靴下を履かせようと，片方の足に軽く触れ靴下を履くことを予告することで，足を出すなど協力的な動きも，私だけではなく，じゅん君を取り巻く人々にもみられるようになっていました。

4　子どもが"できる"状況を作り出します

　あゆ君は，"トーマスのビデオ"を見るのが大好きです。個別学習の後や休み時間などに，私がパソコンに取り込んだ映像を見ています。

第2章 障碍のある子どもと仲良くなるために

　はじめマウスにも興味を示し，マウスを操作してみようとしていましたが，マウスの左右のボタンの使い分けが理解できず，よく画面が乱れていました。
　私は，ボタンが1つであれば操作が可能だろうと考え，マウスを改良し，押しボタン式スイッチを付け，スイッチを押すことで画面が操作できるように，状況を工作しました。そうすることで，あゆ君は，1人でスイッチを操作し，トーマスのビデオを楽しむことができるようになりました。

　係わり手は子どもに，いつもできる限り"自立した状況"を提供することが大切です。"できない"ことではなく，少しがんばれば"できる"ことに目を向けて，子ども自身がしようとしたことがうまくいくような"手だて"や"機会"，"援助"を，係わり手が差し出す工夫をすることが必要なのです。

5　子どもが"分かりやすい"状況を作り出します

　あゆ君のおむつ交換は，トイレの"アンパンマンのマット"の上で行うようにしていました。おむつも教室の決まった棚の決まった引き出しに入れるようにしていました。
　おむつ交換が習慣化してくると，あゆ君は自分で，棚からおむつを取り出し，私の手を引いて"アンパンマンのマット"に行くようになりました。
　じゅん君の個別学習する場所は，教室の一角に作られた"ドラえもんのマット"の上と決まっていました。このマットは，じゅん君に分かりやすいようにと考え，私が準備したものです。
　個別学習の時間になると，私はじゅん君に，玉入れ課題を見せ「じゅん君，お勉

強しようか」と誘うと，じゅん君は"ドラえもんのマット"へ自ら移動するようになりました。

"場"における構造は，活動が"特定の部屋"や"その部屋の特定の場所"に関係することが考えられます。たとえば，部屋はドアに関係した"シンボル"などで特徴づけることができます。その"シンボル"は部屋に入ると"何かがある"という期待をもたらすことにもつながります。場所の認識の手助けとなるのは"色"，"光"，"床"，"壁"などの特徴であり，視覚の発達の状態においては"ストライプ"，"チェック"などコントラストのはっきりしたものが最初に知覚されやすいのです。

あゆ君やじゅん君も，キャラクターや色などと活動を結びづけ，活動場所が分かりやすいように教室環境を整えていました。

また，施設の中でも学校同様に，じゅん君はキャラクターのマットの上で，玉入れ課題を行うようにしていました。

あゆ君も家庭において，"食事をする場所"，"靴を履く場所"，"遊ぶ場所"などを決め生活することにより，自ら行動を起こすことが増えてきていました。

> 6　生活の中で，係わり手が決めたことを一方的にさせるのではなく，子ども自身が自分のすることを選択できる状況を用意することが必要です
> 　　そして，係わり手は子どもが選んだことには必ず応えることを忘れてはいけません

あゆ君は，私と週2回30分間ほど個別の学習を行っています。ある程度行う活動はルーティンになっていましたが，私はその日の学習内容の順番をできる限り，あゆ君と一緒に決めるようにしていました。何枚かの写真カードから，あゆ君が行いたい内容の活動を中心に私と選び，時には，私からの新しい活動内容の提案も受け入れてくれるようになっていました。このことは，あゆ君が納得したかたちで活動が進められるように，2人で活動を作り上げることが必要であると考えてのことでした。

係わり手は，生活や活動の中で，できる限り子どもが自分のすることを"選択できる状況"を用意することが必要です。たとえ，係わり手によって決められた日常生活の流れの中でも，少しでも"選択できる機会"を得ることは，子どもが自分自

身を見つめ"考える力"を育てることにつながります。また、"僕はできるんだ"という自信をもち、"自分の生活は人に決められるものではなく自分で作り上げていくものなんだ"という思いを育てることにもつながります。このことは、子どもに"生きる喜び"を与え、人として成長していくためにも大変重要なことです。

"拒否したもの"、"嫌なもの"を断ることを覚えてもらうことも必要なことです。子どもが、係わり手に示されたことを拒否するような場面を設定するよりも（一歩間違えると、いじわるになりかねませんので）、日常生活の中で自然に拒否を受け入れる係わり手の姿勢が必要となります。この場合には、子どもが嫌なことや嫌いなものを払いのけることができる十分な力と、係わり手との間で素直に"ノー"と言える人間関係が成立していることが前提となります。したがって、そのどちらか一方でも不安がある場合、係わり手は拒否を極力してはいけません。

大切なことは、子どもが選んだことの責任を子ども自身に全て負わせるのではなく、選ばせた係わり手も責任をもって応えていくということです。

> 7　子どもに、今している活動が"いつ、どのようになったら終わりになるのか"を伝えることが大切です。また、"終わったこと"を知らせることも必要です

私はあゆ君の手をガイドして、朝の会が終わった後やおしっこが終わった後、遊びを終えるときなど"おしまい"の身振りサインを型どります。このように繰り返し"おしまい"の身振りサインをガイドすることにより、"おしまい"の手の動きがあゆ君から自発的にみられるようになってきました。この手の動きは、"おしまい"の身振りサインの意味を理解して私に表出していることは、2人の関係性の中で理解できることでした。

"係わり手―子ども"間で、"終わりますよ"、"おしまい"というサインを決め、活動が終わる前に子どもにそのサインを送って知らせます。

たとえば、子どもがおもちゃで遊んでいて、その活動を別の活動に切り替えなく

てはならなくなったときに，その子どもがどうして活動を切り替えなくてはならなくなったのかを十分に理解しないうちに，おもちゃを片付けたり，取り上げたりしてはいけません。それは子どもに大きな"戸惑い"や"混乱"を与えてしまうことにもなるからです。"終わることを伝える"という意味は，子ども自身が自分のしていることに，"見通し"と"イニシアチブ"をもって展開していけるように差し出させる情報の1つであるということが言えます。

じゅん君が獲得した"おしまい"の身振りサインは，その後，施設の職員とのやりとりの中でも使用され，日常生活においても活動の切り替えがスムーズに行われるようになりました。

> 8 今，子どもと一緒にやりとりをしている係わり手が，子どものそばから離れるときにはきちんと子どもに知らせてからその場を離れます

あゆ君が給食を食べ終えた後に，私は後片付けをしていました。あゆ君は隣の部屋で大好きなトーマスのビデオを見ていました。私は，あゆ君はビデオを見ているから少しこの場を離れても大丈夫だと思い，トイレへ行きました。私が教室に戻ってくるとあゆ君は抱きついてきました。この間のことを後藤先生が教えてくれました。あゆ君は，私が教室から出て行ったことに気づき，慌てた様子で後藤先生にかけより，右手であごを触り（私のネームサイン）ドアの方を指差し，必死で何かを訴えている様子であったとのことでした。後藤先生は，すぐに私が戻ってくることを伝えてくれたそうですが，あゆ君はその後も教室にいる先生方のところに行き，右

手であごを触りドアの方を指差し，必死で何かを訴えてようとしていたということでした。

　子どもは，係わり手が部屋の中にいると思って安心していたのに，係わり手が子どもに何の断りもなく部屋を出て行くとします。そのときに，係わり手がいないということに子どもが気づいたら，不安になると考えられます。係わり手が子どもから離れることを伝えるときには，きちんと知らせて，子どもがそのことを受け入れたかどうかを確かめてから離れることが大切なことです。

障碍のある子どもと係わり合うための8ヶ条

1．子どもにあなたがそばに来たこと，いることを知らせましょう。
2．子どもがあなたを別の人とはっきりと区別して理解しやすいように，あなた自身がいったい誰で，どんな特徴のある人間であるのかを知らせましょう。
3．子どもに，"今，何をしているのか"，"今，何が起こっているのか"，また，"これから，何をしようとしているのか"をきちんとわかるように伝えましょう。そのために，子どもにあわせて，実物を手がかりにした合図や身振りサイン等を工夫して用いることになるでしょう。
4．できるだけ，子ども自身が自分で考えてすることを大切にしましょう。
5．子どもに"分かりやすい"状況を作り出しましょう。
6．生活において大人が決めたことを一方的にさせるのではなく，子どもが自分のすることを選べる状況を用意してあげましょう。そして，子どもが選んだことには，忠実に応えてあげましょう。
7．子どもに，今していること（活動）が，いつ，どうなったら終わりになるのか，終わることを伝えましょう。また，終わったことも伝えましょう。
8．あなたが子どものそばから離れるときには，きちんと子どもに伝えてから，立ち去りましょう。

おわりに

　障碍のある子どもたちに出会ってから20年が経過しました。
　この間悩んでいたのは，"子どもたちの気持ちをどう受けとめて，どう係わり合いをもつのか"ということでした。特に知的に障碍の重い子どもと係わり合いをもつときには，自分なりの言葉で訴えてくれるものの，正確に読みとることができず，私のペースでやりとりをしてしまうのです。また，子どもを楽しく遊ばせるということを重視して，笑顔などの快の情動表出がでればそれで十分であると思い込み，勝手に納得していたこともありました。
　本書では，障碍のある子どもたちとの係わり合いを中心としたコミュニケーションの重要性を取り上げました。私が子どもの行動文脈に寄り添って，相互的なやりとりを基本として，通じ合う関係，お互いがパートナーであるような関係を作り上げることの大切さをエピソードを通して述べてきたつもりです。
　幼稚園や保育所，特別支援学校で先生は，担任をもつとすぐに"教えよう"と思ってしまいます。しかし，"注意の共有"からやりとりをはじめ，通じ合える関係を作っていくことをまず考えなければならないのです。
　学校教育がはじまるのは6歳からです。なぜ，この年齢から学校教育がはじまるのでしょうか。それは先生の「さあ，お勉強をはじめるよ」の言葉に，一斉に注意を向けることができるのが6歳ころだと言われているからです。しかし近年，教育現場をみても，小学校1年生はどうもこうはいかないようです。また，昭和54年にはじまった養護学校（現特別支援学校）義務制ですが，学校においても"教育"だけに視点をおくのではなくて，公然に"保育"をすることができるようになったと解釈することができるのではないでしょうか。
　この"保育"の意味を津守真氏は"CareとEducation"の2つの意味がこめられた言葉であり，さらに"Care"には"注意の共有"と"お世話をする"という2つの意味がこめられていると話されています。
　みんな一斉に「さあ，はじめるよ」ではなくて，"注意の共有"からはじめることが，丁寧な相互的やりとりによる関係づくりは学校教育の中でも大切なことであることが分かります。
　"お母さん（先生）―子ども"間の関係づくりは，子どもの障碍の種類や程度，係わり手の先生，親としての資質などに大きく左右されると思います。3ヶ月ある

いは1年，3年とかかるかもしれません。

　お父さんやお母さん，先生は，"母親としてしっかり子育てをしなければ"，"自分は先生なんだ"と思い，大上段にかまえていたのでは，いつまでたっても子どもたちの心にふれることはできないですし，分かり合える関係を作り上げることはできないのです。

　また子どもの手を突然引っぱり，子どもにしっかりと聞くこともせず「さあ，時間だからトイレだ」と独り言のように言いながらトイレに連れて行き，終わるとどこに行くかも伝えずに再び手を引っぱり目的地に連れて行くということをせずに，子どもとお互いがパートナーであるような関係を目指し，子どもたちと係わり合いをもっていただきたいものです。

　私が大学で教員養成の仕事が決まった時に，ある方から"優しい言葉で深い思想を"伝えられる先生になってくださいという言葉をいただきました。

　本書は，現在障碍のある子どもの子育てをしているお父さんやお母さん，幼稚園・保育所で幼児期の障碍のある子どもの指導に戸惑い，悩んでいる方々に是非読んでいただき，幸せな楽しい保育をしていただきたいと思います。

　ですので，できるだけ専門用語は使用せず，2時間もあれば一気に読んでいただける分量にもしました。

　第1章のエピソードは，2011年度菅原ゼミ3回生の伊藤祥子さん，貝原麻美さん，高橋めぐみさん，三好穂波さん，山川光加さん，山川明日香さん，森井千景さん，水本亜紀さん，竹田亜衣さん，野口陽子さん，片岡茉莉さんの11名と4回生の今西祐子さん，畑ひとみさん，住岡美菜子さん，牧さくらちゃん，荒牧麻衣さんの5名が，ゼミ活動で資料として活用し，議論を重ねたものです。

　また，3回生の新田裕理江さんと森井千景さんには，何回も本文を読んでもらい，誤字脱字の修正やレイアウトなどをしてもらいました。

　本文中のイラストは，菅原ゼミ4回生の牧さくら子さんが書いてくれました。

　学生たちの力を借りて，書きあげることができたことを最後に付け加え，感謝を述べたいと思います。

菅原　伸康

補足説明

注1，注2，注3は本文中，障碍のある子どもと係わり合うための8ヶ条を参照ください。

引用文献

- 鯨岡峻；コミュニケーション障碍の基本的構造について，コミュニケーション障碍児の診断と教育に関する研究，国立特殊教育総合研究所，1992．
- 梅津八三；言語行動の系譜，東京大学公開講座，9，言語，東京大学出版会，1967．
- 岡本夏木；子どもとことば，岩波新書，1982．
- 相互障碍状況（梅津：心理学年報，1978）：ここで 障碍 というのは，ある生体の生命過程において，現におこっている とまどい，つまづき，とどこおり をさす。ふつう 障碍者 といわれる人々に，現におこっている障碍状況，そしてその障碍状況に対面相触しているわれわれ自身に，それにどう対処したらよいか，とまどい，つまづき，とどこおり がおこっているとする。これも障碍状況である。このような相互障碍状況が仕事の出発点すなわち目標の対象となる。
- 土谷良巳；ネゴシエーションの視点からみた初期的コミュニケーション．国立特殊教育総合研究所研究紀要，27，2000．
- 菅原伸康；知的に障碍のある幼児との「ネゴシエーション」という視点からの初期的コミュニケーション―共有語い形成に至るプロセスに関する一考察―．福井大学教育実践研究第28号，313—326，2005．
- 菅原伸康；ネゴシエーションの視点からみた初期的コミュニケーション．平成12年度国立特殊教育総合研究所長期研修報告書，2001．
- 土谷良巳；先天性盲ろう児の語・意味生成としてのネゴシエーションに関する研究．平成12年度～平成13年度科学研究費補助金研究成果報告書，2002．
- Daelman, Nafstad, Rødbroe, et al：Emergence of Communication；Part-1 (video tape)，CNEFE，1996．
- Daelman, Nafstad, Rødbroe, et al：Emergence of Communication；Part-2 (video tape)，CNEFE，1999．
- 鯨岡峻；初期「子ども―養育者」関係研究におけるエピソード記述の諸問題．心理学評論 Vol42No1，1999．
- 松木健一；変わろうよ！学校．東洋館出版社，1996．
- 浜田寿美男；身体から表象へ．ミネルヴァ書房，2002．
- 菅原伸康；特別支援教育を学ぶ人へ．ミネルヴァ書房，2011．
- ノートルダム清心女子大学人間生活学部児童学科編；知的障害児の教育．大学教育出版，2010．
- American Psychiatric Association（アメリカ精神医学会）編　高橋三郎・大野裕・染矢俊幸訳；DSM-Ⅳ-TR　精神疾患の分類と診断の手引新訂版．医学書院，2003．
- 重度・重複障害児指導研究会編；発達の把握と日常生活の指導．岩崎学術出版社，1979．

著者紹介

菅原伸康（すがわら・のぶやす）

1967年北海道網走市生まれ 福井大学大学院教育学研究科修了
国立久里浜養護学校文部科学教官，佛教大学教育学部教授を経て現在，
関西学院大学教育学部教授

	障碍のある子どものための教育と保育①
	エピソードでみる障碍の理解と支援

2012年3月30日　初版第1刷発行　　　　　〈検印廃止〉
2023年12月20日　初版第4刷発行

定価はカバーに
表紙しています

著　　者	菅　原　伸　康
発 行 者	杉　田　啓　三
印 刷 者	中　村　勝　弘

発行所　株式会社　ミネルヴァ書房
607-8494 京都市山科区日ノ岡堤谷町1
電話(075)581-5191／振替01020-0-8076

© 菅原伸康, 2012　　　中村印刷・新生製本

ISBN 978-4-623-06278-2

Printed in Japan

障碍のある子どものための教育と保育②
写真でみる 障碍のある子どものための課題学習と教材教具

菅原伸康 著　　　　　　　　　　　　　　　B 5 判152頁　本体2400円

障碍のある子どもたちと教材教具を通して学んだことをわかりやすくまとめた。豊富な写真を交えて，課題学習や教材教具の意義，それを用いた教授の方法についてわかりやすく解説する。保育・教育の現場はもちろん，家庭のなかでも実践可能で具体的な取り組み例などを紹介する。

障碍のある子どものための教育と保育③
エピソードで学ぶ 障碍の重い子どもの理解と支援

菅原伸康・渡邉照美 編著　　　　　　　　　　B 5 判120頁　本体2400円

重度・重複障害児の特性，「自立活動指導」のポイントや，教員の専門性など障害の重い子どもの指導に当たる教員の「疑問に思うこと」「指導に悩むこと」についてエピソードを交えてわかりやすく解説する。日々の指導に役立つ実践的な指導資料。

障碍のある子どものための教育と保育④
図で学ぶ 障碍のある子どものための「文字・数」学習

菅原伸康・渡邉照美 著　　　　　　　　　　　B 5 判180頁　本体2400円

障碍のある子どもたちに文字や数の概念をどのように教えるのか——。記号操作の基礎学習（文字・数を記号として操作することを目指した学習）を積みあげることで，文字を形として理解することが可能な支援・指導を解説する。

障碍のある子どものための教育と保育⑤
物語で読む 障碍のある子どもの家族のレジリエンス

渡邉照美・菅原伸康 著　　　　　　　　　　　B 5 判144頁　本体2400円

母親，きょうだい，父親が語るエピソード（障碍を，受容する／受容できない父，母，きょうだいの思いと，それを乗り越える過程）を交えながら，障碍のある子どもの家族のレジリエンスとは何か，本当に必要な支援は何かを考える。

―― ミネルヴァ書房 ――
https://www.minervashobo.co.jp/